【国家試験】
知的財産管理技能検定

厳選
過去問題集

3級

もくじ

特許法・実用新案法

意匠法

商標法

条約

著作権法

その他の知的財産に関する法律

実力テスト

3 級試験概要

本書について

1. 過去 10 回の試験問題から、合格に必要な問題を厳選し一冊に収録

本書には、第 37 回（2020 年 11 月）から第 46 回（2023 年 11 月）まで※に実施された知的財産管理技能検定３級の過去問題の中から、出題傾向を踏まえて合格に必要な学科・実技の問題と詳細な解説を掲載していますので、一冊で３級両試験の学習ができます。

本書では、レッスンの最初にそのレッスンの内容をまとめた重要ポイントを掲載していますので、過去問題を解く前にポイントを理解したうえで問題に取り組むことで、出題のポイントがよくわかる仕組みになっています。

また、巻末には本試験さながらの実力テストを解答解説とあわせて掲載しています。

2. 法令基準日と法改正等の影響も考慮

本書では、2024 年 11 月から 2025 年 7 月に実施される試験対策として、本書に掲載している過去問題については、各試験実施回の法改正等を考慮して見直ししています。その結果、法改正等の影響を受けている問題および解答については、選択肢の入れ替えや適切 / 不適切の変更を行っており、関連のある法改正等の情報は「解答解説」で説明しています。

各実施回の法令基準日は知的財産管理技能検定 HP（https://www.kentei-info-ip-edu.org/exam.html）にてご確認ください。

3. 出題領域順の並び替えで、効率よく学習ができる

本書では、試験でよく出題されるポイントをレッスンごとに効率よく学習できるよう、「公式テキストに準拠した出題領域順」に重要ポイントと学科・実技の問題と解説を掲載しています。領域ごとに学習が進められるので、漠然と過去問題を出題順に解くより、効率よく学習することができます。

また、実力テストには、各問題の出題領域を掲載しているので、学習の成果を確認できるだけでなく、正解できなかった領域を把握できるため、ポイントを絞った復習をすることができます。

領域順に分類

各レッスンの重要ポイント

各領域の要点をまとめているので，知識の整理ができます。

商標法

13.商標登録を受けるための手続き

重要Point

・商標登録出願は，商標を使用する一または二以上の**商品**または**役務**を指定して，商標ごとにしなければならない(**一商標一出願**の原則)
・商標登録出願をすると，準備が整い次第，**自動的**に**出願公開**がなされる
・商標登録出願では，審査を受けるために**出願審査請求**をする必要はない
・商標の図形や文字を変更することや，指定商品・指定役務を追加したり，指定商品等を類似または非類似の商品等へ変更することは，**要旨変更**の補正として認められないが，指定商品・指定役務を**減縮**することや，正しい区分へ**是正**する補正は認められる
・商標登録出願を，特許出願や意匠登録出願に変更することはできない

学科問題

54 (39回　学科　問1)

ア〜ウを比較して，商標登録出願の審査に関して，最も**不適切**と考えられるものはどれか。

苦手領域を克服！
ポイントを絞った復習が可能に

各問題に出題領域を掲載

特許権の管理と活用

問8　正解: イ

ア　適切

特許権が共有に係るときは，各共有者は，他の共有者の同意を得なければ，その特許権について通常実施権を許諾することができません(特73条3項)。

イ　不適切

特許権者は，通常実施権の契約において，契約の相手方以外の者には通常実施権を許諾しない旨の特約を交わして通常実施権(いわゆる独占的通常実施権)を許諾することができます。

ウ　適切

特許権者は，その特許権について通常実施権を許諾することができます(特78条1項)。通常実施権は，専用実施権のように独占的な実施権ではないので(特78条2項)，特許権者は，重複する範囲について複数人に対して通常実施権を許諾することができます。

実力テスト

領域別インデックス

4.「大領域出題比率」と「領域別出題数」で出題バランスと出題傾向がわかる

大領域出題比率では、第42回（2022年7月実施）から第46回（2023年11月実施）までの学科試験・実技試験・その合計の大領域の出題比率を円グラにしています。どの領域からの出題が多いのか出題バランスを一目で確認することができます。

また、領域別出題数では、小領域ごとの出題数を掲載しています。どの小領域からの出題が多いのか詳細を確認することができます。

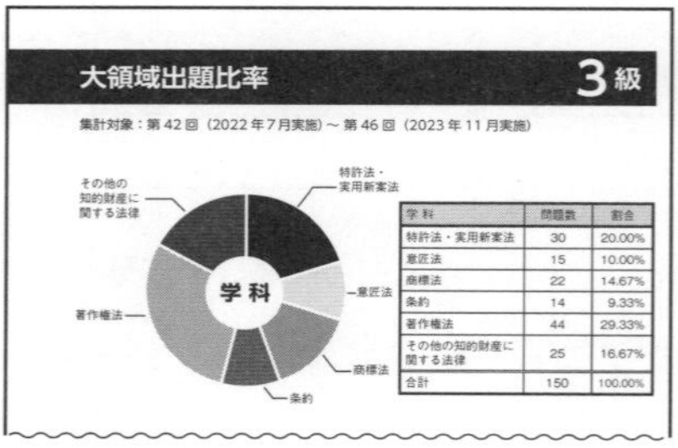

大領域出題比率　3級

集計対象：第42回（2022年7月実施）～第46回（2023年11月実施）

学科	問題数	割合
特許法・実用新案法	30	20.00%
意匠法	15	10.00%
商標法	22	14.67%
条約	14	9.33%
著作権法	44	29.33%
その他の知的財産に関する法律	25	16.67%
合計	150	100.00%

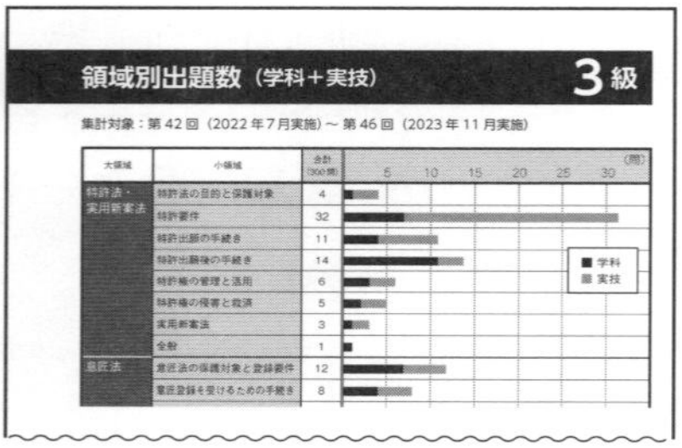

領域別出題数（学科＋実技）　3級

集計対象：第42回（2022年7月実施）～第46回（2023年11月実施）

大領域	小領域	合計
特許法・実用新案法	特許法の目的と保護対象	4
	特許要件	32
	特許出願の手続き	11
	特許出願後の手続き	14
	特許権の管理と活用	6
	特許権の侵害と救済	5
	実用新案法	3
	全般	1
意匠法	意匠法の保護対象と登録要件	12
	意匠登録を受けるための手続き	8

公式テキストと本書

本書は、指定試験機関が編集した「知的財産管理技能検定3級公式テキスト」に掲載された法律の領域と表記に準拠しています。

公式テキストと本書を合わせて使用することで、より効率的な学習が可能です。

5. 学科・実技それぞれの「領域別出題一覧表」で、領域ごとの詳細な出題傾向がわかる

領域別出題一覧表では、第 42 回（2022 年 7 月実施）から第 46 回（2023 年 11 月実施）までの学科試験・実技試験それぞれについて、小領域ごとの出題数を掲載しています。小領域ごとの出題バランスだけでなく、毎回出題されている小領域はどこかなども確認することができます。

領域別出題一覧表（学科）　3 級

		2022 年		2023 年			合計	平均
		7 月	11 月	3 月	7 月	11 月		(問)
大領域	小領域	第 42 回	第 43 回	第 44 回	第 45 回	第 46 回	150 問	
特許法・実用新案法	特許法の目的と保護対象	1					1	0.2
	特許要件	1	2	2	1	1	7	1.4
	特許出願の手続き		1	1	1	1	4	0.8
	特許出願後の手続き	3	1	2	2	3	11	2.2
	特許権の管理と活用		2		1		3	0.6
	特許権の侵害と救済	1		1			2	0.4
	実用新案法				1		1	0.2
	全般		1				1	0.2
意匠法	意匠法の保護対象と登録要件	1	2	1	1	2	7	1.4
	意匠登録を受けるための手続き	1		1	1	1	4	0.8
	意匠権の管理と活用		1		1	1	3	0.6
	意匠権の侵害と救済	1					1	0.2
	全般						–	–
商標法	商標法の保護対象と登録要件	2	2	1	1	2	8	1.6
	商標登録を受けるための手続き	1	1		1		3	0.6

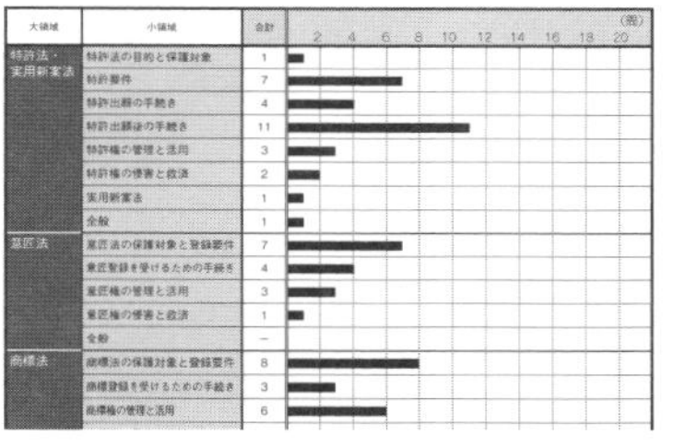

大領域
小領域
合計
(問)
2 4 6 8 10 12 14 16 18 20
特許法・実用新案法
特許法の目的と保護対象 1
特許要件 7
特許出願の手続き 4
特許出願後の手続き 11
特許権の管理と活用 3
特許権の侵害と救済 2
実用新案法 1
全般 1
意匠法
意匠法の保護対象と登録要件 7
意匠登録を受けるための手続き 4
意匠権の管理と活用 3
意匠権の侵害と救済 1
全般 –
商標法
商標法の保護対象と登録要件 8
商標登録を受けるための手続き 3
商標権の管理と活用 6

※試験問題についてのご質問はお受けできませんのでご了承ください。

各法律の略称については，下記のとおり表記しています。

特許法 ⇒ 特
実用新案法 ⇒ 実
意匠法 ⇒ 意
商標法 ⇒ 商
特定農林水産物等の名称の保護に関する法律 ⇒地理的表示
パリ条約 ⇒ パリ
特許協力条約 ⇒ PCT
特許協力条約に基づく規則 ⇒ PCT 規則
TRIPS 協定 ⇒ TRIPS
著作権法 ⇒ 著
不正競争防止法 ⇒ 不競
民法 ⇒ 民
独占禁止法 ⇒ 独
種苗法 ⇒ 種
民事訴訟法 ⇒ 民訴
知的財産高等裁判所設置法 ⇒ 知財高裁

（例）特許法第 29 条第 1 項第 1 号⇒特 29 条 1 項 1 号

大領域出題比率　3級

集計対象：第42回（2022年7月実施）～第46回（2023年11月実施）

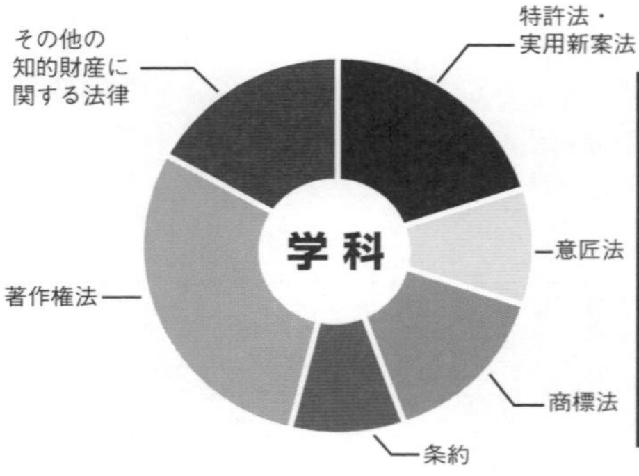

学 科	問題数	割合
特許法・実用新案法	30	20.00%
意匠法	15	10.00%
商標法	22	14.67%
条約	14	9.33%
著作権法	44	29.33%
その他の知的財産に関する法律	25	16.67%
合計	150	100.00%

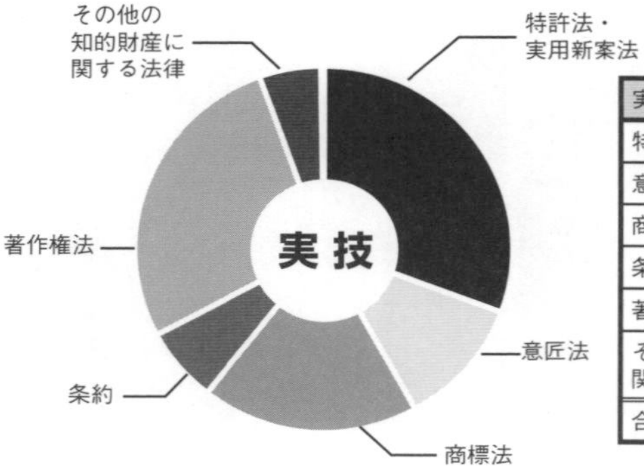

実 技	問題数	割合
特許法・実用新案法	46	30.67%
意匠法	17	11.33%
商標法	28	18.67%
条約	10	6.67%
著作権法	41	27.33%
その他の知的財産に関する法律	8	5.33%
合計	150	100.00%

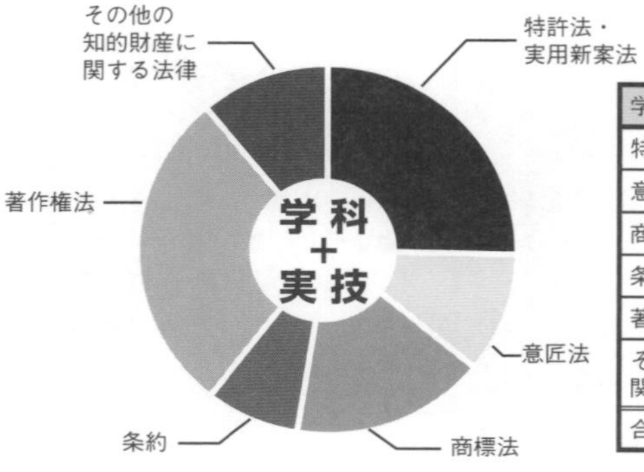

学科＋実技	問題数	割合
特許法・実用新案法	76	25.33%
意匠法	32	10.67%
商標法	50	16.67%
条約	24	8.00%
著作権法	85	28.33%
その他の知的財産に関する法律	33	11.00%
合計	300	100.00%

領域別出題数（学科＋実技）　3級

集計対象：第 42 回（2022 年 7 月実施）～ 第 46 回（2023 年 11 月実施）

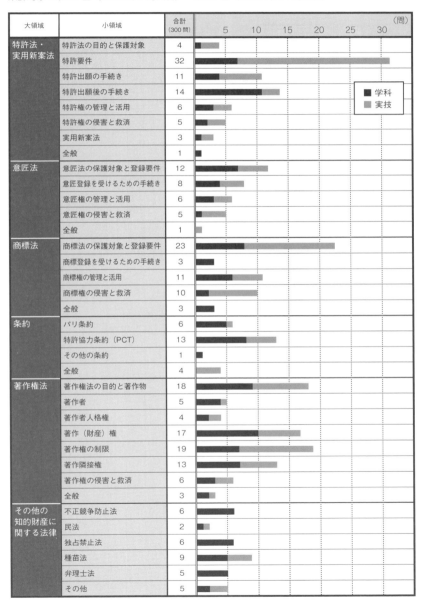

大領域	小領域	合計（300 問）
特許法・実用新案法	特許法の目的と保護対象	4
	特許要件	32
	特許出願の手続き	11
	特許出願後の手続き	14
	特許権の管理と活用	6
	特許権の侵害と救済	5
	実用新案法	3
	全般	1
意匠法	意匠法の保護対象と登録要件	12
	意匠登録を受けるための手続き	8
	意匠権の管理と活用	6
	意匠権の侵害と救済	5
	全般	1
商標法	商標法の保護対象と登録要件	23
	商標登録を受けるための手続き	3
	商標権の管理と活用	11
	商標権の侵害と救済	10
	全般	3
条約	パリ条約	6
	特許協力条約（PCT）	13
	その他の条約	1
	全般	4
著作権法	著作権法の目的と著作物	18
	著作者	5
	著作者人格権	4
	著作（財産）権	17
	著作権の制限	19
	著作隣接権	13
	著作権の侵害と救済	6
	全般	3
その他の知的財産に関する法律	不正競争防止法	6
	民法	2
	独占禁止法	6
	種苗法	9
	弁理士法	5
	その他	5

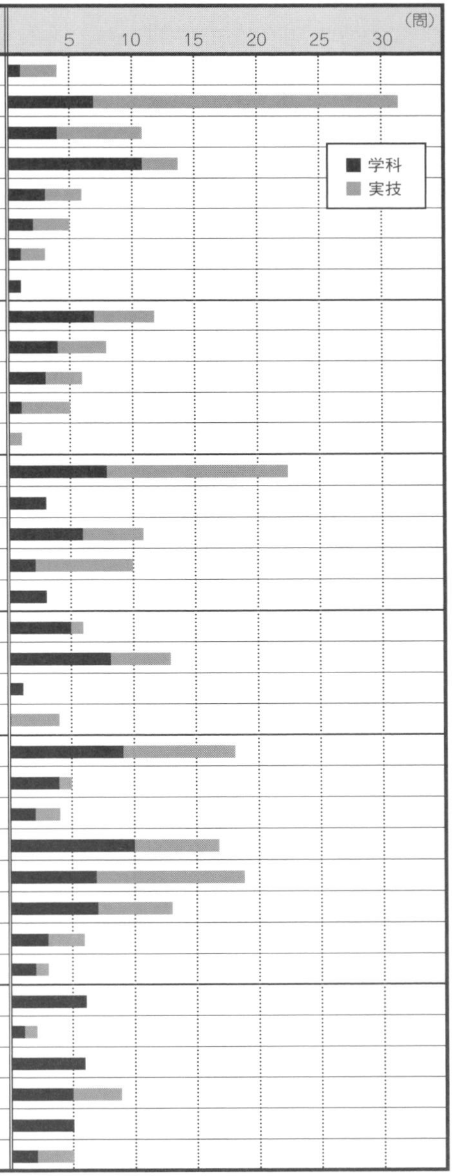

領域別出題一覧表（学科） 3級

大領域	小領域	2022年 7月 第42回	2022年 11月 第43回	2023年 3月 第44回	2023年 7月 第45回	2023年 11月 第46回	合計 150問	平均（問）
特許法・実用新案法	特許法の目的と保護対象	1					1	0.2
	特許要件	1	2	2	1	1	7	1.4
	特許出願の手続き		1	1	1	1	4	0.8
	特許出願後の手続き	3	1	2	2	3	11	2.2
	特許権の管理と活用		2		1		3	0.6
	特許権の侵害と救済	1		1			2	0.4
	実用新案法				1		1	0.2
	全般		1				1	0.2
意匠法	意匠法の保護対象と登録要件	1	2	1	1	2	7	1.4
	意匠登録を受けるための手続き	1		1	1	1	4	0.8
	意匠権の管理と活用		1		1	1	3	0.6
	意匠権の侵害と救済	1					1	0.2
	全般						—	—
商標法	商標法の保護対象と登録要件	2	2	1	1	2	8	1.6
	商標登録を受けるための手続き	1	1		1		3	0.6
	商標権の管理と活用		1	3	1	1	6	1.2
	商標権の侵害と救済	1		1			2	0.4
	全般			1	1	1	3	0.6
条約	パリ条約	1	1	1	1	1	5	1.0
	特許協力条約（PCT）	2	2	1	2	1	8	1.6
	その他の条約					1	1	0.2
	全般						—	—
著作権法	著作権法の目的と著作物	2	2	2	2	1	9	1.8
	著作者	2	1			1	4	0.8
	著作者人格権		1			1	2	0.4
	著作（財産）権	1	1	4	3	1	10	2.0
	著作権の制限	1	2	1	1	2	7	1.4
	著作隣接権	2	1	2	1	1	7	1.4
	著作権の侵害と救済				1	2	3	0.6
	全般		1		1		2	0.4
その他の知的財産に関する法律	不正競争防止法	1	1	2	1	1	6	1.2
	民法	1					1	0.2
	独占禁止法	1	1	1	1	2	6	1.2
	種苗法	1	1	1	1	1	5	1.0
	弁理士法	1	1	1	1	1	5	1.0
	その他	1			1		2	0.4

大領域	小領域	合計
特許法・実用新案法	特許法の目的と保護対象	1
	特許要件	7
	特許出願の手続き	4
	特許出願後の手続き	11
	特許権の管理と活用	3
	特許権の侵害と救済	2
	実用新案法	1
	全般	1
意匠法	意匠法の保護対象と登録要件	7
	意匠登録を受けるための手続き	4
	意匠権の管理と活用	3
	意匠権の侵害と救済	1
	全般	–
商標法	商標法の保護対象と登録要件	8
	商標登録を受けるための手続き	3
	商標権の管理と活用	6
	商標権の侵害と救済	2
	全般	3
条約	パリ条約	5
	特許協力条約（PCT）	8
	その他の条約	1
	全般	–
著作権法	著作権法の目的と著作物	9
	著作者	4
	著作者人格権	2
	著作（財産）権	10
	著作権の制限	7
	著作隣接権	7
	著作権の侵害と救済	3
	全般	2
その他の知的財産に関する法律	不正競争防止法	6
	民法	1
	独占禁止法	6
	種苗法	5
	弁理士法	5
	その他	2

領域別出題一覧表（実技） 3級

大領域	小領域	2022年 7月 第42回	2022年 11月 第43回	2023年 3月 第44回	2023年 7月 第45回	2023年 11月 第46回	合計 150問	平均（問）
特許法・実用新案法	特許法の目的と保護対象	1	1			1	3	0.6
	特許要件	6	6		7	6	25	5.0
	特許出願の手続き	1		6			7	1.4
	特許出願後の手続き		1	1		1	3	0.6
	特許権の管理と活用	1		1	1		3	0.6
	特許権の侵害と救済		1	1	1		3	0.6
	実用新案法			1	1		2	0.4
	全般						–	–
意匠法	意匠法の保護対象と登録要件	1	1	2	1		5	1.0
	意匠登録を受けるための手続き		1		1	2	4	0.8
	意匠権の管理と活用		1			2	3	0.6
	意匠権の侵害と救済	1		1	1	1	4	0.8
	全般	1					1	0.2
商標法	商標法の保護対象と登録要件	4	4	2	2	3	15	3.0
	商標登録を受けるための手続き						–	–
	商標権の管理と活用	1	1	1	1	1	5	1.0
	商標権の侵害と救済	1		3	3	1	8	1.6
	全般						–	–
条約	パリ条約					1	1	0.2
	特許協力条約（PCT）	1	1	1	1	1	5	1.0
	その他の条約						–	–
	全般	1	1	1	1		4	0.8
著作権法	著作権法の目的と著作物	6	1	2			9	1.8
	著作者		1				1	0.2
	著作者人格権	1				1	2	0.4
	著作（財産）権		1	3	2	1	7	1.4
	著作権の制限	1	6	3	2		12	2.4
	著作隣接権					6	6	1.2
	著作権の侵害と救済				3		3	0.6
	全般				1		1	0.2
その他の知的財産に関する法律	不正競争防止法						–	–
	民法	1					1	0.2
	独占禁止法						–	–
	種苗法	1	1	1		1	4	0.8
	弁理士法						–	–
	その他		1		1	1	3	0.6

大領域	小領域	合計
特許法・実用新案法	特許法の目的と保護対象	3
	特許要件	25
	特許出願の手続き	7
	特許出願後の手続き	3
	特許権の管理と活用	3
	特許権の侵害と救済	3
	実用新案法	2
	全般	–
意匠法	意匠法の保護対象と登録要件	5
	意匠登録を受けるための手続き	4
	意匠権の管理と活用	3
	意匠権の侵害と救済	4
	全般	1
商標法	商標法の保護対象と登録要件	15
	商標登録を受けるための手続き	–
	商標権の管理と活用	5
	商標権の侵害と救済	8
	全般	–
条約	パリ条約	1
	特許協力条約（PCT）	5
	その他の条約	–
	全般	4
著作権法	著作権法の目的と著作物	9
	著作者	1
	著作者人格権	2
	著作（財産）権	7
	著作権の制限	12
	著作隣接権	6
	著作権の侵害と救済	3
	全般	1
その他の知的財産に関する法律	不正競争防止法	–
	民法	1
	独占禁止法	–
	種苗法	4
	弁理士法	–
	その他	3

特許法・
実用新案法

特許法·実用新案法

1.特許法の目的と保護対象

重要Point

・特許権を有する者(またはその許諾を受けた者)のみが**特許発明**を**実施**できる
・特許権は，特許出願をしたのち，**実体審査**を経て設定登録されると発生する
・特許法の目的は，**発明**の**保護**および**利用**を図ることにより，発明を奨励し，もって**産業の発達**に寄与することである
・発明とは，**自然法則**を利用した**技術的思想**の**創作**のうち**高度**のものをいう

自然法則それ自体 自然法則に反するもの 自然法則を利用していないもの	エネルギー保存の法則,万有引力の法則 永久機関 計算方法,コンピュータ言語
第三者に伝達できる客観性がないもの 情報の単なる伝達 単なる美的創作物	熟練した職人技,個人の技能 デジタルカメラで撮影された画像データ, 操作方法マニュアル 絵画,彫刻
単なる発見	鉱石,新種の植物

・発明には，**物**の発明と**方法**の発明(物を生産する方法の発明を含む)がある

学科問題

1　　**(40回　学科　問4)**

ア～ウを比較して，特許法で規定されている発明の種類として，最も**不適切**と考えられるものはどれか。

ア　物の発明
イ　物品の形状の発明
ウ　方法の発明

解答解説

1

正解: イ

特許法において，発明は，「自然法則を利用した技術的思想の創作のうち高度のもの」と定義されています（特２条１項）。また，特許法では，発明のカテゴリー（分類）として，「物の発明」，「方法の発明」及び「物を生産する方法の発明」が規定されています(特２条３項１～３号)。

ア　適切

物の発明は，特許法上の発明に該当します(特２条３項１号)。

イ　不適切

物品の形状そのものは，「物の発明」，「方法の発明」及び「物を生産する方法の発明」のいずれにも該当せず，特許法上の発明に該当しません。

ウ　適切

方法の発明は，特許法上の発明に該当します(特２条３項２号)。

実技問題

2 **（43回　実技　問17）**

ア～ウを比較して，特許法上の保護対象として，最も適切と考えられるものを1つだけ選びなさい。

ア　重い荷物を積載しても転ばない自転車の人間による運転方法
イ　計算処理を効率的に行うための特殊なコンピュータ言語
ウ　自然界に存在する岩石から人為的に抽出した化学物質

解答解説

2

正解: ウ

特許法において，発明とは「自然法則を利用した技術的思想の創作のうち高度のものをいう」と定義されています(特2条1項)。

ア　不適切

フォークボールの投球方法など知識として第三者に伝達できない客観性がないもの(技能)は技術的思想に該当しないため，特許法の保護を受けることはできません。したがって，自転車の人間による運転方法は特許法の保護対象ではありません。

イ　不適切

自然法則それ自体やコンピュータ言語などの人為的取り決めは，自然法則を利用していないため，特許法の保護対象ではありません。

ウ　適切

天然物や自然現象などの単なる発見は，創作ではないため，特許法の保護を受けることはできません。ただし，化学物質など天然物から人為的に抽出した成分は発明にあたり，特許法の保護対象となりえます。

特許法･実用新案法

2.特許要件

重要Point

・特許を受けるための要件（特許要件）

産業上利用できる発明であること （**産業上利用可能性**）	特許法でいう産業には,製造業以外の鉱業,農業,漁業,通信業なども含まれる
新しい発明であること （**新規性**）	特許出願前に公然知られた発明 特許出願前に公然実施された発明 特許出願前に頒布された刊行物に記載された発明,または電気通信回線を通じて公衆に利用可能となった発明ではないこと
容易に思いつく発明ではないこと （**進歩性**）	特許出願時に当業者が容易に発明できるものではないこと
先に出願されていないこと （**先願主義**）	同日に同じ発明について二以上の出願があった場合は,特許庁長官より協議命令が出され,その協議で定められた一の特許出願人が特許を受けることができる。協議が不成立もしくは協議自体ができなかったときは,いずれの特許出願人も特許を受けることができない
公序良俗に反する発明や **公衆衛生**を害する発明ではないこと	

学科問題

3 （43回　学科　問27）

ア～ウを比較して，特許を受けるための要件に関して，最も**不適切**と考えられるものはどれか。

ア　産業上利用できる発明であること
イ　発明の属する技術分野において，当該技術分野の通常の知識を有する者がきわめて容易に創作できる発明でないこと
ウ　公序良俗に反する発明や公衆衛生を害するおそれがある発明でないこと

解答解説

3

正解: イ

ア　適切

特許を受けるための要件として，産業上利用できる発明であることが必要となります(特29条１項柱書)。

イ　不適切

特許を受けるための要件として，発明の属する技術分野において，当該技術分野の通常の知識を有する者が容易に創作できる発明でないことが必要となり（特29条２項)，「きわめて容易に創作できるものではない」というレベルでは足りません。

ウ　適切

例えば，偽造紙幣の製造装置など公序良俗を害するおそれがある発明や公衆衛生を害するおそれがある発明は，特許を受けることができないと規定されています(特32条)。

学科問題

4　　（42回　学科　問15）

ア〜ウを比較して，特許を受けることができる発明に該当するものとして，最も適切と考えられるものはどれか。

ア　特許出願後であって，出願審査の請求前に公然実施された発明
イ　特許出願前に，外国において公然知られた発明
ウ　特許出願前に，電気通信回線を通じて公衆に利用可能となった発明

解答解説

4

正解: ア

特許出願前に日本国内又は外国において公然知られた発明や公然実施をされた発明，頒布された刊行物に記載された発明又は電気通信回線を通じて公衆に利用可能になった発明は，新規性を喪失した発明となります(特29条1項各号)。

ア　適切

「特許出願前」に外国において公然実施された発明は，新規性を喪失した発明となりますが，「特許出願後であって，出願審査の請求前」に公然実施された発明は，新規性を喪失した発明とはなりません（特29条1項2号)。したがって，特許を受けることができる発明に該当します。

イ　不適切

特許出願前に外国において公然知られた発明は，新規性を喪失した発明となります(特29条1項1号)。

ウ　不適切

特許出願前に電気通信回線を通じて公衆に利用可能となった発明は，新規性を喪失した発明となります(特29条1項3号)。

学科問題

5

（44回　学科　問16）

ア～ウを比較して，特許法における新規性喪失の例外規定に関して，最も適切と考えられるものはどれか。

ア　特許を受ける権利を有する者の意に反して公知となった発明について特許出願する場合，特許出願の日から30日以内にそのことを証明する書面を提出した場合でなければ，新規性喪失の例外規定の適用を受けることができない。

イ　特許を受ける権利を有する者の行為に起因して公知となった発明について特許出願する場合，当該発明が公知となった日から１年以内に出願しなければ，新規性喪失の例外規定の適用を受けることができない。

ウ　特許を受ける権利を有する者の行為に起因して公知となった発明について特許出願する場合，特許出願の日から30日以内に新規性喪失の例外規定の適用を受けたい旨を記載した書面を提出すれば，新規性喪失の例外規定の適用を受けることができる。

解答解説

5　　**正解: イ**

新規性を失った発明であっても「特許を受ける権利を有する者の行為に起因して新規性を喪失した」場合や,「特許を受ける権利を有する者の意に反して新規性を喪失した」場合には, 新規性喪失の例外規定の適用を受けることにより, 新規性を喪失しなかったものとみなされる場合があります(特30条1項, 2項)。

ア　不適切

強迫, 詐欺, スパイ等により, 特許を受ける権利を有する者の意に反して公知となった発明については, 新規性喪失の例外規定の適用を受けられる発明であることを証明する書面を提出する必要はありません(特30条3項)。

イ　適切

上述のとおり, 特許を受ける権利を有する者の行為に起因して公知となった発明, すなわち新規性を喪失した発明については, その発明が公知となった日から1年以内に出願しなければ, 新規性喪失の例外規定の適用を受けることができません。

ウ　不適切

特許を受ける権利を有する者の行為に起因して公知となった発明について特許出願する場合に, 新規性喪失の例外規定の適用を受けるためには, その発明が公知となった日から1年以内に出願する必要があり, さらに, 特許出願の日から30日以内に新規性喪失の例外規定の適用を受けたい旨を記載した証明書面を提出しなければなりません(特30条2項, 3項)。

実技問題

6～11 (43回　実技　問1～問6)

飲料メーカーX社は，技術者**甲**が発明した発明Aについて，2022年9月9日午前9時に特許出願Pをした。その後，X社の知的財産部の部員**乙**は，調査及びヒアリングの結果，次の事実1～3を確認した。

事実1　2022年9月2日に米国のハワイ州で発行され，わが国では一般に流通していない地元情報雑誌において，英語で，ハワイ州の飲料メーカーY社の**丙**によりなされた発明として，発明Aと同一の発明が記載されていた。

事実2　2021年6月6日に開かれた国内のビールの試飲会において，一般入場者の前で，**甲**が資料を配付して，発明Aについて説明していた。

事実3　2022年9月9日午後3時のテレビ放送において，飲料メーカーW社の**丁**によりなされた発明として，発明Aと同一の発明が国内で紹介されていた。

以上を前提として，**問6～問11**に答えなさい。

6 事実1に基づいて，特許出願Pに拒絶理由がないと考えられる場合は「○」を，拒絶理由があると考えられる場合は「×」と答えなさい。

7 【理由群Ⅰ】の中から，問6において拒絶理由がない又は拒絶理由があると判断した理由として，最も適切と考えられるものを1つだけ選びなさい。

【理由群Ⅰ】
ア　特許出願Pに係る発明Aは，新規性を有していないため
イ　特許出願Pに係る発明Aは，拡大された先願の地位を有しないため
ウ　特許出願Pに係る発明Aは，新規性を有しているため
エ　特許出願Pに係る発明Aは，拡大された先願の地位を有するため

8 事実2に基づいて，特許出願Pに拒絶理由がないと考えられる場合は「○」を，拒絶理由があると考えられる場合は「×」と答えなさい。

9 【理由群Ⅱ】の中から，問8において拒絶理由がない又は拒絶理由があると判断した理由として，最も適切と考えられるものを1つだけ選びなさい。

【理由群Ⅱ】

ア 特許出願Pに係る発明Aは，新規性を有していないため
イ 特許出願Pに係る発明Aは，先願の地位を有しないため
ウ 特許出願Pに係る発明Aは，新規性を有しているため
エ 特許出願Pに係る発明Aは，先願の地位を有するため

10 事実3に基づいて，特許出願Pに拒絶理由がないと考えられる場合は「○」を，拒絶理由があると考えられる場合は「×」と答えなさい。

11 【理由群Ⅲ】の中から，問10において拒絶理由がない又は拒絶理由があると判断した理由として，最も適切と考えられるものを1つだけ選びなさい。

【理由群Ⅲ】

ア 特許出願Pに係る発明Aは，新規性を有していないため
イ 特許出願Pに係る発明Aは，拡大された先願の地位を有しないため
ウ 特許出願Pに係る発明Aは，新規性を有しているため
エ 特許出願Pに係る発明Aは，拡大された先願の地位を有するため

解答解説

6 **正解: ×(拒絶理由がある)**

7 **正解: ア**

特許法では，新規性の地理的な判断基準は「世界」を基準としています。つまり，日本国内で知られていなくても，外国で知られていれば，新規性を喪失した発明となります。

本問では，発明Ａはハワイ州で発行された雑誌に掲載されたことにより，特許出願Ｐの出願前に公知になっていますので，日本国内において公知となっていない場合であっても，新規性がなく特許を受けることができません。

したがって，特許出願Ｐには拒絶理由があると考えられます。

8 **正解: ×(拒絶理由がある)**

9 **正解: ア**

特許出願前に不特定の者に知られた発明は，新規性を喪失した発明となり，特許を受けることができません (特29条１項１号)。ここで，「不特定の者」とは，秘密保持義務を負っていない者をいいます。

発明Ａは，特許出願Ｐの出願前に国内の試飲会において，一般入場者の前で資料を配付して説明したため，不特定の者に知られた発明となってしまい，新規性がなく特許を受けることができません。

したがって，特許出願Ｐには拒絶理由があると考えられます。

10 **正解: ○(拒絶理由がない)**

11 **正解: ウ**

新規性は，日付だけでなく時分まで考慮して判断されます（特29条1項各号)。したがって，特許出願の出願日と同じ日に公知となった発明であっても，特許出願後に公知となっているのであれば新規性を喪失していません。

本問の場合，特許出願Ｐの出願日と同じ日に発明Ａと同一の発明が国内のテレビ放送において紹介されていますが，放送時間は特許出願Ｐよりも後の時間なので，特許出願Ｐに係る発明Ａは，テレビ放送によって新規性を失っていないことになります。

3.特許出願の手続き

重要Point

- 発明者は**自然人**に限られ，会社等の**法人**がなることはできない
- 複数人が発明をした場合は，その各人が**共同発明者**となる
- 会社の従業者が職務として発明した場合，原則として**職務発明**となり，特許を受ける権利はその従業者に帰属する
- 特許出願は，**願書**に**明細書**，**特許請求の範囲**，**必要な図面**および**要約書**を添付し**特許庁長官**に提出する
- 明細書の発明の詳細な説明は，**当業者**が，その発明を実施できる程度に**明確**かつ**十分**に記載しなければならない
- 特許請求の範囲は，発明の詳細な説明に記載したもので，**請求項ごと**に**簡潔**に記載しなければならない
- **国内優先権**の主張を伴う特許出願に関する期間

出願	先の出願日から1年以内
出願公開	先の出願日から1年6カ月を経過したとき
出願審査請求	後の出願日から3年以内
存続期間	後の出願日から20年を経過するまで

学科問題

12　　（46回　学科　問24）

ア～ウを比較して，特許法における発明者として，最も**不適切**と考えられるものはどれか。

ア　未成年者
イ　一般財団法人
ウ　異なる企業に勤務する複数の従業者

解答解説

12

正解: イ

ア　適切

発明は，人間の創作活動によって生み出されるため，「発明者」は自然人に限られ，会社等の法人が発明者となることはできませんが，未成年者は自然人であるため発明者になることができます。なお，未成年者が特許出願等の手続きを行う場合には，原則として，法定代理人によらなければ手続きを行うことができません(特7条1項)。

イ　不適切

アのとおり，「発明者」は自然人に限られます。したがって，一般財団法人は，発明者になることはできません。

ウ　適切

発明を複数人で行った場合，その各人が共同発明者となります。なお，複数の発明者が異なる企業に勤務していることは，特許法における発明者の認定に影響を及ぼしません。

学科問題

13

(45回　学科　問24)

ア〜ウを比較して，特許出願の明細書の記載事項として，最も適切と考えられるものはどれか。

ア　図面の簡単な説明，図面，発明の要約
イ　発明の名称，発明の要約，特許請求の範囲
ウ　発明の名称，図面の簡単な説明，発明の詳細な説明

実技問題

14

(42回　実技　問16)

釣り具メーカーX社は，社外の技術者**甲**に依頼して開発してもらった釣り竿に関する発明についての特許出願を検討している。**ア〜ウ**を比較して，X社の知的財産部の部員の考えとして，最も**不適切**と考えられるものはどれか。

ア　X社が**甲**に開発費を支払って開発した発明であっても，この発明の発明者は**甲**になる。
イ　**甲**には，釣り竿に関する発明の完成と同時に特許を受ける権利が発生し，**甲**は，この権利を他人に譲渡することができる場合がある。
ウ　X社が特許出願をするためには，X社と**甲**との間で，特許を受ける権利をX社に譲渡する旨の契約が発明完成前に予め締結されていることが必要である。

解答解説

13

正解：ウ

特許出願の明細書は，特許出願に係る発明を特定し，その内容を開示するための書面です。特許出願の明細書には，発明の名称，図面の簡単な説明，発明の詳細な説明を記載しなければなりません(特36条3項)。

ア　不適切

明細書と「図面」は異なる書面であるため，「図面」は明細書に記載しなければならない事項ではありません。

イ　不適切

明細書と「特許請求の範囲」は異なる書面であるため，明細書に記載しなければならない事項ではありません（特36条2項)。なお，「特許請求の範囲」とは，特許付与を要求する発明を特定するための書面であり，審査段階では審査対象を明確にし，権利化後は権利範囲を定める権利書としての役割を果たします。

ウ　適切

特許出願の明細書には，「発明の名称」，「図面の簡単な説明」，「発明の詳細な説明」を記載しなければなりません(特36条3項)。

14

正解：ウ

ア　適切

発明者は，自然人のみであり，また，発明者に単に資金を提供したり，設備利用の便宜を与えたりして発明の完成を援助した者又は委託した者(単なる後援者・委託者）は，発明者にはなりません。したがって，X社が甲に開発費を支払って開発した発明であっても，本問の発明の発明者は，甲となります。

イ　適切

発明者には，発明完成と同時に，その発明について特許を受ける権利が発生します（特29条1項柱書)。また，特許を受ける権利は，譲渡等により他人に移転することができます（特33条1項)。したがって，発明者である甲には，釣り竿に関する発明の完成と同時に特許を受ける権利が発生し，甲は，この権利を他人に譲渡することができます。

ウ　不適切

X社が特許出願をするためには，発明者である甲から特許を受ける権利をX社に譲渡してもらう必要がありますが，その譲渡契約は，必ずしも発明完成前に締結されている必要はなく，発明完成後であっても問題ありません。

特許法・実用新案法

4.特許出願後の手続き

重要Point

- 特許出願は出願日から**1年6カ月**が経過すると，**公開特許公報**に掲載され，出願内容が**公開**される
- 特許出願人は，出願内容を早期に公開することを請求できる。ただし，公開の請求は取り下げることができない
- 出願審査請求は，出願日から**3年以内**に請求しなければならない
- 一定の条件に該当する場合には，**早期審査制度**や**優先審査制度**を利用することで，優先的に審査を受けられる場合がある
- **補正**により出願当初の明細書等に記載されていない事項を追加することは禁止されている
- 特許出願は実用新案登録出願や意匠登録出願に**変更**することはできるが，商標登録出願には変更できない
- 拒絶査定不服審判の請求と同時に，出願内容を**補正**・**分割**することができ，補正があったときは，拒絶査定をした審査官により再度審査される。これを**前置審査**という
- 拒絶査定不服審判の審理の結果（拒絶審決）に不服がある場合は，**東京高等裁判所**（**知的財産高等裁判所**）に拒絶審決の取り消しを求めて**審決取消訴訟**を提訴することができる

学科問題

15　　**（43回　学科　問30）**

ア～ウを比較して，特許出願の出願審査請求に関する次の文章の空欄 [1] ～ [2] に入る語句の組合せとして，最も適切と考えられるものはどれか。

特許出願があったときは，[1]，その出願の日から3年以内に，[2] にその特許出願について出願審査の請求をすることができる。

ア　[1] ＝利害関係者は　　[2] ＝特許庁審査官
イ　[1] ＝特許出願人は　　[2] ＝特許庁審査官
ウ　[1] ＝何人も　　[2] ＝特許庁長官

解答解説

15

正解: ウ

何人も，その特許出願の日から３年以内に特許庁長官にその特許出願について，出願審査請求をすることができます(特48条の３)。

学科問題

16　**（44回　学科　問9）**

ア～ウを比較して，特許出願に対する出願審査請求に関して，最も**不適切**と考えられるものはどれか。

ア　特許出願人は，特許出願と同時に出願審査請求をすることができる。
イ　特許出願について，出願審査請求が出願日から３年以内にされなかった場合には，その特許出願は取り下げたものとみなされる。
ウ　特許出願人は，出願公開前であれば出願審査請求を取り下げることができる。

17　**（44回　学科　問29）**

ア～ウを比較して，特許出願の実体審査において，当該特許出願に係る発明が，その特許出願前に公開された特許公報に記載された発明に基づき容易に発明することができたという拒絶理由通知を受けた出願人がとり得る措置として，最も適切と考えられるものはどれか。

ア　答弁書を提出する。
イ　不服審判を請求する。
ウ　手続補正書を提出する。

解答解説

16

正解: ウ

ア　適切

特許出願があったときは，何人も，その日から３年以内に出願審査の請求を行うことができます（特48条の３第１項）。ここで，特許出願があったときから３年以内の範囲には，特許出願と同時が含まれます。したがって，特許出願人は，特許出願と同時に出願審査請求をすることができます。

イ　適切

特許出願の日から３年以内に出願審査請求がなかったときは，その特許出願は取り下げられたものとみなされます(特48条の３第４項)。

ウ　不適切

出願審査請求は，一度請求をしてしまうと特許出願人であっても取り下げることはできません(特48条の３第３項)。

17

正解: ウ

ア　不適切

拒絶理由通知を受けた場合は，出願人がとり得る措置として，答弁書ではなく，意見書を提出することができます（特50条)。なお，答弁書は，特許無効審判等の審判が請求された場合に，その審判の被請求人が提出することができる書類です(特134条１項)。

イ　不適切

拒絶査定を受けた場合，その査定に不服があるときは，拒絶査定不服審判を請求することができます（特121条１項)。しかし，拒絶理由通知を受けた場合においては，拒絶査定不服審判を請求することはできません。

ウ　適切

その特許出願前に公開された特許公報に基づき容易に発明することができたという拒絶理由(すなわち進歩性違反の拒絶理由)が通知されたときの対応としては，手続補正書を提出して，特許請求の範囲を限定する補正を行うことで，拒絶理由が解消する可能性があります(特17条の２第１項１号，３号)。

実技問題

18

（39回　実技　問14）

化学素材メーカーX社が特許出願をしたところ，審査官**甲**から拒絶理由が通知された。**ア〜ウ**を比較して，X社がとり得る措置として，最も**不適切**と考えられるものはどれか。

ア　審査官**甲**とは異なる審査官**乙**による再審査を求める再審査請求書を提出する。

イ　拒絶理由に対する反論を主張した意見書や，その反論の内容を立証するための実験証明書を提出する。

ウ　特許請求の範囲に，明細書にのみ記載されていた事項を追加記載するために，手続補正書を提出する。

解答解説

18

正解: ア

ア　不適切

特許法では，拒絶理由を通知した審査官とは異なる審査官による再審査を求めることは認められていません。したがって，審査官甲とは異なる審査官乙による再審査を求める再審査請求書を提出することはできません。

イ　適切

拒絶理由に対する反論を主張したい場合には，意見書を提出することが有効です（特50条）。また，意見書での主張内容を立証するために実験証明書を意見書と併せて提出すると，さらに効果的です。

ウ　適切

特許請求の範囲についてする補正は，出願当初の願書に添付された明細書，特許請求の範囲又は図面に記載された範囲内で行うことができます（特17条の2第3項）。また，特許請求の範囲に，明細書にのみ記載されていた事項を追加記載するためには，手続補正書を提出することになります。

実技問題

19 ～ 24 **(41回　実技　問1～問6)**

スポーツ用品メーカーX社の開発者**甲**が発明したゴルフボールAについて，X社が特許出願Pを行い出願審査請求をしたところ，拒絶理由が通知された。この場合において，**甲**は，どのような対応をすべきかをX社の知的財産部の部員**乙**に聞いたところ，発言1のような回答があった。

発言1　「拒絶理由が通知された場合に，その通知の際に指定された期間内に特許請求の範囲，明細書について補正をする場合は手続補正書の提出が必要ですが，必ずしも補正書とともに意見書を提出する必要はありません。」

甲は，拒絶理由の通知に対する補正の内容を検討している。補正できる事項に関して**乙**に聞いたところ，発言2のような回答があった。

発言2　「拒絶理由の通知に対して補正をする場合に限り，当業者が容易に想到し得る範囲内であれば出願当初の明細書等に記載されていない新しい発明を追加することが可能です。」

その後，さらに拒絶査定の謄本が送達されてきたため，**甲**は，再度**乙**に聞いたところ，発言3のような回答があった。

発言3　「拒絶査定は，審査の最終処分ですが，それに対して不服がある場合は，特許庁に対して拒絶査定不服審判を請求できます。」

以上を前提として，**問19～問24**に答えなさい。

19 発言１について，適切と考えられる場合は「○」を，不適切と考えられる場合は「×」と答えなさい。

20 問19において，適切又は不適切であると判断した理由として，最も適切と考えられるものを【理由群Ⅰ】の中から１つだけ選びなさい。

【理由群Ⅰ】

ア 意見書は必ず提出しなければならないというわけではないため

イ 拒絶理由が通知された際の補正には，必ず意見書の提出が必要であるため

ウ 拒絶理由が通知された際の補正は意見書においてすることができるので，手続補正書の提出は不要であるため

21 発言２について，適切と考えられる場合は「○」を，不適切と考えられる場合は「×」と答えなさい。

22 問21において，適切又は不適切であると判断した理由として，最も適切と考えられるものを【理由群Ⅱ】の中から１つだけ選びなさい。

【理由群Ⅱ】

ア 特許出願Ｐの出願日から１年以内であり，かつ，一定の範囲内であれば，新規事項を追加する補正をすることができるため

イ 最初の拒絶理由の通知に対して補正をする場合に限り，特段の制限はなく自由に補正することができるため

ウ 新規事項を追加する補正をすることはできないため

実技問題

23 発言3について，適切と考えられる場合は「○」を，不適切と考えられる場合は「×」と答えなさい。

24 問23において，適切又は不適切であると判断した理由として，最も適切と考えられるものを【理由群Ⅲ】の中から1つだけ選びなさい。

【理由群Ⅲ】

ア 拒絶査定に対して不服がある場合は，特許庁に対して拒絶査定不服審判を請求することができるため

イ 拒絶査定に対して不服がある場合は，東京地方裁判所に対して不服申立訴訟を提起することができるため

ウ 拒絶査定に対して不服がある場合は，東京高等裁判所に対して不服申立訴訟を提起することができるため

解答解説

19 　正解: ○(適切)

20 　正解: ア

出願人は，拒絶理由が通知された場合に，その通知の際に指定された期間内に，手続補正書を提出して出願内容の補正をすることができます（特17条の２第１項１号，３号)。つまり，出願人は指定された期間内に手続補正書を提出する場合に，手続補正書とともに意見書を提出することもできますが，必ずしも意見書を提出する必要はありません(特50条)。

21 　正解: ×（不適切)

22 　正解: ウ

拒絶理由の通知に対して補正をする場合に限らず，補正により新規事項を追加することは一切禁止されています(特17条の２第３項)。

23 　正解: ○(適切)

24 　正解: ア

拒絶査定を受けた者は，その査定に不服がある場合は，その査定の謄本の送達日から３カ月以内に，特許庁に対して拒絶査定不服審判を請求することができます(特121条１項)。

特許法･実用新案法

5.特許権の管理と活用

重要Point

・特許権は，特許査定の謄本送達日から**30日以内**に**第1年**から**第3年**までの特許料を納付すると**設定登録**がなされ権利が発生する
・4年目以降も特許権を維持するためには，**前年以前**に特許料を納付しなければならない。ただし，特許料の納付期限が経過した後でも**6カ月以内**であれば，追納することができる
・特許権の存続期間は特許**出願の日**から**20年間**で終了する。例外として，一定の場合に，**存続期間**を**延長**できる場合がある
・**専用実施権**は，特許庁に**登録**しなければ効力は発生しないが，**通常実施権**は当事者間の契約のみで効力が発生する
・特許権が**共有**に係る場合，他の**共有者**の**同意**がなければ，専用実施権の設定や通常実施権の許諾，自己の持分を譲渡することはできない
・職務発明について従業者が自ら特許権を得た場合には，会社側には**通常実施権**が認められる

学科問題

25　　**(43回　学科　問7)**

ア～ウを比較して，特許権の設定登録，存続期間に関して，最も適切と考えられるものはどれか。

ア　特許権は，原則として特許料の納付があった日から20年間存続する。
イ　特許権の設定登録を受けるためには，第1年から第3年までの特許料の納付が必要である。
ウ　特許権の存続期間は，延長される場合はない。

解答解説

25

正解: イ

ア　不適切

特許権は，「特許料の納付があった日」からではなく，「特許出願の日」から20年間存続します(特67条1項)。

イ　適切

特許権は設定登録によって発生します（特66条1項)。その設定登録は，第1年から第3年までの各年分の特許料を一時に納付することにより行われます（特66条2項，108条1項)。

ウ　不適切

医薬品等の特許については，例外的に最大で5年を限度に延長登録をすることができます(特67条4項)。

学科問題

26

（37回　学科　問7）

ア～ウを比較して，特許法における実施権に関して，最も適切と考えられるものはどれか。

ア　重複する範囲について，複数人に専用実施権を設定することができる。
イ　契約によらずに効力が発生する実施権がある。
ウ　通常実施権は，登録しなければ効力が発生しない。

実技問題

27

（39回　実技　問13）

医薬品メーカーX社は，風邪薬に関する特許権Pを有しているが，事業戦略の変更により，風邪薬の事業を縮小することとした。そこで，X社は，特許権Pについて，他の会社にライセンスして，有効活用したいと考えている。**ア～ウ**を比較して，特許権Pのライセンス契約に関して，最も適切と考えられるものはどれか。なお，ライセンス契約において許諾する範囲は，特許権Pのすべての範囲とする。

ア　X社は，特許権Pについて，Y社に専用実施権を設定した後にも，X社は，特許権Pに係る特許発明を実施することができる。
イ　X社は，特許権Pについて，Y社に通常実施権を許諾した後に，さらにZ社に対して，Y社の同意なく通常実施権を許諾することができる。
ウ　X社は，特許権Pについて，Y社に対して，特許権Pに係る特許発明をY社のみが実施できるとする通常実施権を許諾することはできない。

解答解説

26

正解：イ

ア　不適切

専用実施権は，設定行為で定められた範囲内において，業としてその特許発明を独占的に実施することができる権利です（特77条2項）。したがって，重複する範囲について，複数人に専用実施権を設定することはできません。

イ　適切

特許法には，職務発明による通常実施権（特35条1項）や，先使用による通常実施権（特79条）など，当事者間の契約によらずに効力が発生する実施権が規定されています。

ウ　不適切

通常実施権は登録をしなくても契約当事者間の合意があれば効力が発生します。

27

正解：イ

ア　不適切

特許権者は，業として特許発明を独占的に実施することができますが，専用実施権を設定すると，その設定した範囲では特許権者であっても特許発明を実施することができません（特68条ただし書）。したがって，特許権Ｐについて，Ｙ社に全範囲とする専用実施権を設定すると，その後，Ｘ社は特許権Ｐに係る特許発明を実施することができません。

イ　適切

特許権者は，その特許権について通常実施権を許諾することができます（特78条1項）。通常実施権は，専用実施権のように独占的な実施権ではないので（特78条2項），特許権者は，複数人に通常実施権を許諾することができます。また，特許権者は，すでに通常実施権を許諾した者の同意を得なくとも，新たに通常実施権を許諾することができます。

ウ　不適切

特許権者は，通常実施権の許諾を求める者に対して，その者以外の者には通常実施権を許諾しない旨の特約を交わして通常実施権（いわゆる独占的通常実施権）を許諾することができます。したがって，Ｙ社に対して，特許権Ｐに係る特許発明をＹ社のみが実施できるとする通常実施権を許諾することは可能です。

6.特許権の侵害と救済

重要Point

・特許権の権利範囲(特許発明の**技術的範囲**)は，願書に添付された**特許請求の範囲**の記載に基づいて定められる
・特許権侵害とは正当な権原なく特許発明を実施することをいい，**試験**または**研究**のための実施や特許権が**消尽**している場合は，特許発明を実施しても特許権侵害にはあたらない
・特許権を侵害した場合には，10年以下の**懲役**もしくは1000万円以下の**罰金**が**刑事罰**として科され，場合によって，その両方が適用されることもある
・特許料の未納による特許権の**消滅**，譲渡による特許権の**移転**等は，**特許原簿**で確認する必要がある
・特許権に**無効理由**がある場合は，無効となるべき権利を行使することはできない旨を，訴訟のなかで主張することができる
・一定の無効理由を除き，特許無効審判は**利害関係人に限り**請求することができる
・特許掲載公報の発行日から**6カ月以内**であれば，**誰でも**，**特許異議の申立て**をすることができる

学科問題

28 **(44回　学科　問28)**

ア～ウを比較して，特許権に関して，最も適切と考えられるものはどれか。

ア　特許権者が特許発明を継続して3年以上使用していない場合は，特許不使用取消審判を請求することができる。
イ　特許無効審判は，利害関係人でなければ請求することができない。
ウ　特許権者は，警告しなければ，権利行使をすることはできない。

解答解説

28 **正解: イ**

ア　不適切

商標法には，不使用取消審判の制度がありますが（商50条1項），特許法には商標法と同様の制度はありません。

イ　適切

特許無効審判は，利害関係人でなければ請求することができません（特123条２項）。

ウ　不適切

特許権者は，特許権の権利を行使する前に，必ずしも相手方に警告をする必要はありません。

実技問題

29 **(45回　実技　問16)**

食品メーカーであるX社は，Y社の特許権Pに係るアイスクリームと同一のアイスクリームAを製造することを計画している。**ア～ウ**を比較して，X社が，Y社に無断で行った場合でも，Y社の特許権Pを侵害しない行為として，最も適切と考えられるものを1つだけ選びなさい。

ア　1回限りの販売のために，アイスクリームAを製造する行為
イ　市場動向を調査するために自ら製造したアイスクリームAを，デパートで販売のために展示する行為
ウ　アイスクリームの研究のために，アイスクリームAを製造する行為

解答解説

29 **正解: ウ**

ア 不適切

特許発明を無断で業として実施する行為は，特許権侵害に該当します（特68条）。また，特許発明が物の発明である場合，その物の生産，使用，譲渡等，輸出もしくは輸入，又は譲渡等の申出をする行為をいいます（特２条３項１号）。また，業としての実施は，回数を問わず，特許発明を１度でも無断で実施すると，特許権侵害に該当します。したがって，１回限りの販売のためにアイスクリームＡを製造する行為は，特許権Ｐの侵害に該当します。

イ 不適切

実施とは，物の発明にあっては，その物の生産，使用，譲渡等，輸出もしくは輸入又は譲渡等の申出をする行為をいいます（特２条３項１号）。したがって，特許発明に係るアイスクリームＡを「製造する行為」や「販売のために展示する行為」は，業としての実施に該当し，特許権の侵害に該当します。なお，特許権の効力は，試験又は研究のためにする特許発明の実施には及びませんが（特69条１条），市場動向を調査するために特許発明品を製造や販売等をする行為は，試験又は研究のための実施とは認められないため，特許権の侵害に該当します。

ウ 適切

特許権の効力は，試験又は研究のためにする特許発明の実施には及びません（特69条１条）。したがって，アイスクリームの研究のために，アイスクリームＡを製造する行為は，特許権Ｐの侵害に該当しません。

実技問題

30 （40回　実技　問25）

文房具メーカーX社は，ボールペンAをインターネットを通じて販売している。同業他社のY社から，ボールペンAの販売がY社の特許権Pを侵害しているとして，ボールペンAの販売の中止を求める警告書がX社に届いた。**ア～ウ**を比較して，X社の考えとして，最も適切と考えられるものはどれか。

ア　X社は，Y社の特許技術と同様の技術を独自に開発し，Y社による特許出願より前にインターネット上で公開しており，X社の行為は特許権Pの侵害には該当しないので，警告書に対してその旨を回答することを含めて何ら対応する必要はない。

イ　インターネットを通じてボールペンAを販売する行為は，特許発明の実施行為には該当しないので，特許権Pの侵害にはならない旨を回答する。

ウ　ボールペンAは，X社が独自に技術開発し，Y社の特許権Pに係る特許出願より前に，事業の実施の準備をしていたので，X社は先使用による通常実施権を有する旨を回答する。

解答解説

30 **正解: ウ**

ア　不適切

X社がY社の特許発明と同様の技術を独自に開発し，さらにY社による特許出願より前にインターネット上で公開されていた場合には，Y社が受けた特許には無効理由が存在することになります。その場合，Y社から特許侵害訴訟を提起されたとしても，特許権の行使が制限される可能性があります（特104条の3第1項）。一方，Y社に対して回答をしない場合，Y社から特許権侵害訴訟を提起されることが考えられ，少なくとも特許権侵害訴訟が提起された場合に備えておく必要があるため，何ら対応する必要はないとするX社の考えは適切ではありません。

イ　不適切

権原なき第三者が無断で特許発明を実施することは，特許権の侵害行為に該当します（特68条）。ここで，特許発明が物の発明である場合，その物を販売する行為は，販売方法を問わず，「特許発明の実施」に該当します（特2条3項1号）。したがって，インターネットを通じてボールペンAを無断で販売する行為は，Y社の特許権Pの侵害に該当する場合があります。

ウ　適切

X社がボールペンAを独自に開発し，Y社の特許権Pに係る特許出願より前に，実施の準備をしていた場合，X社は先使用による通常実施権を有することになります（特79条）。この場合，X社は，Y社からの警告書に対して先使用による通常実施権を有する旨を回答することができます。

実技問題

31　　**(41回　実技　問15)**

清涼飲料水メーカーX社は，お茶の抽出方法について特許権Pを有していたが，先月，特許権Pの存続期間は満了した。ところが最近になって，同業他社のY社が，1年前から特許権Pを用いたお茶を製造販売していることが判明した。**ア～ウ**を比較して，X社のとり得る措置として，最も**不適切**と考えられるものはどれか。

ア　差止請求
イ　不当利得返還請求
ウ　損害賠償請求

解答解説

31

正解: ア

ア　不適切

差止請求は，特許権を侵害する現在又は将来の行為に対して行うことができるので（特100条），特許権が消滅した後には差止請求権を行使することができません。本問では，特許権Ｐの存続期間が満了しており，特許権Ｐが消滅しているので，Ｙ社の行為に対して特許権Ｐに基づく差止請求権を行使することはできません。

イ　適切

特許権者は，特許権の侵害行為を行った者に対して，その侵害行為によって得た不当利得の返還を請求することができます（民703条）。不当利得返還請求は，過去における特許権の侵害行為に対して行うことができます。本問の場合，１年前から特許権Ｐを用いたお茶を製造販売しており，特許権が存続している期間中の侵害行為であるため，その行為に対して，不当利得返還請求を行うことができます。

ウ　適切

特許権者は，特許権の侵害行為を行った者に対して，その侵害行為によって被った損害の賠償を請求することができます（民709条）。損害賠償請求は，過去における特許権の侵害行為に対して行うことができます。本問の場合，１年前から特許権Ｐを用いたお茶を製造販売しており，特許権が存続している期間中の侵害行為であるため，その行為に対して，損害賠償請求を行うことができます。

7.実用新案法

重要Point

- 実用新案法の保護対象は，**自然法則**を利用した**技術的思想**の**創作**であるいわゆる**考案**を保護するものであり，**方法の考案**は保護を受けることができない
- 実用新案権の存続期間は，**出願日**から**10年**で終了する
- 実用新案登録出願では，**新規性**や**進歩性**などの実体的な要件について，特許庁において審査を受けることなく設定登録される
- 実用新案権者が権利行使をする場合は，**実用新案技術評価書**を相手方に提示して警告しなければならない

学科問題

32 **(45回　学科　問9)**

ア〜ウを比較して，実用新案権を行使するために必要な書類として，最も適切と考えられるものはどれか。

ア　弁理士が作成した実用新案鑑定書
イ　特許庁の審判官が作成した実用新案判定書
ウ　特許庁の審査官が作成した実用新案技術評価書

解答解説

32　　**正解: ウ**

ア　不適切

実用新案権を行使するためには，その実用新案権に関して特許庁の審査官により作成された「実用新案技術評価書」を侵害者に提示して警告する必要があります（実12条4項，29条の2）。したがって，弁理士又は弁護士が作成した実用新案鑑定書では，実用新案権を行使することはできません。

イ　不適切

実用新案法では，侵害等の判定に関して特許庁に登録実用新案の技術的範囲について公式な見解を求めることができます（実26条で準用する特71条）。ここで，判定はあくまでも実施対象物などが技術的範囲に属するか否かを判定するものであり，実用新案技術評価書とは異なります。したがって，実用新案判定書では権利行使をすることはできません。

ウ　適切

実用新案権を行使するためには，その実用新案権に関する「実用新案技術評価書」を侵害者に提示して警告する必要があります（実29条の2）。この「実用新案技術評価書」は，特許庁の審査官により作成されます（実12条4項）。

実技問題

33　　　　**（44回　実技　問21）**

ア～ウを比較して，実用新案法の保護対象である考案として，最も**不適切**と考えられるものを１つだけ選びなさい。

ア　乾燥機において，乾燥中の衣類が，からまないようにするための乾燥用ドラム内におけるからみ防止用の棒の配置方法

イ　病院で人間の破傷風予防接種のために用いる特殊な形状をした使い捨て注射針

ウ　ゲーム用コンピュータに使用する半導体チップを製造するための微細加工が可能な半導体製造装置

解答解説

33

正解: ア

実用新案法は，自然法則を利用した技術的思想の創作であって，「物品の形状，構造又は組合せに係るもの」を保護対象としています（実1条）。したがって，特許法の保護対象とは異なり，「方法に係るもの」は実用新案法の保護対象とはなりません。

ア　不適切

実用新案法では方法に係るものは保護対象とはなりません。したがって，乾燥用ドラム内におけるからみ防止用の棒の配置方法は，実用新案法の保護対象とはなりません。

イ　適切

特殊な形状をした使い捨て注射針は，物品の形状に係るものであるため，実用新案法の保護対象となります。

ウ　適切

半導体製造装置は，物品の構造等に係るものであるため，実用新案法の保護対象となります。

意匠法

8.意匠法の保護対象と登録要件

重要Point

・意匠とは，**物品**の**形状**，**模様**もしくは**色彩**もしくはこれらの**結合**，**建築物の形状等**または**画像**であって，**視覚**を通じて**美感**を起こさせるものをいう
・意匠の保護対象には，**建築物の外観・内装のデザイン**や物品に記録・表示されていない**画像**が含まれる
・土地およびその定着物(不動産)，固有の形を有しない**粉状物**，**粒状物**や**デザインコンセプト**は意匠法でいう意匠に該当しない
・意匠登録を受けるための要件(登録要件)

①**工業上利用できる**意匠であること
②新しい意匠であること(**新規性**)
③容易に創作できる意匠ではないこと(**創作非容易性**)
④先に出願されていないこと(**先願主義**)
⑤登録を受けられない意匠に該当しないこと

学科問題

34 (40回　学科　問11)

ア～ウを比較して，意匠として登録される可能性が高いものとして，最も適切と考えられるものはどれか。

ア　映画等のコンテンツを表した画像
イ　純粋美術品
ウ　物品の部分の形状

解答解説

34 **正解: ウ**

ア　不適切

意匠として登録される画像は，機器の操作用に供される画像，又は機器がその機能を発揮した結果として表示される画像に限られます(意２条１項かっこ書)。映画等のコンテンツを表した画像は，これらの画像のいずれにも該当しないので，意匠登録を受けることはできません。

イ　不適切

意匠登録出願されたものが，工業上利用することができる意匠に該当しなければ，意匠登録を受けることはできません(意３条１項柱書)。つまり，意匠法で保護される意匠とは，工業的方法により量産可能なものに限られます（意匠審査基準　第Ⅲ部　第１章)。純粋美術品は，工業的技術を利用して同一物を反復して多量に生産することを目的として製作されたものではないため，工業上利用することができるものに該当せず，意匠登録を受けることはできません。

ウ　適切

物品の部分の形状，模様もしくは色彩又はこれらの結合であって，視覚を通じて美感を起こさせるものについては，部分意匠として意匠登録を受けることができます(意２条１項かっこ書)。よって，物品の部分の形状は，意匠として登録される可能性があります。

学科問題

35 （44回　学科　問12）

ア～ウを比較して，意匠登録の要件に関して，最も適切と考えられるものはどれか。

ア　意匠登録出願後から意匠登録前までの間に日本国内において公然知られた形状等に基づいて当業者が容易に創作することができた意匠については，意匠登録を受けることができない。

イ　新規性喪失の例外規定の適用を受けるためには，出願に係る意匠が公然知られた日から30日以内に意匠登録出願をしなければならない。

ウ　意匠登録出願前に外国において公然知られた意匠に類似する意匠については，新規性を有しないことを理由として意匠登録を受けることができない。

解答解説

35　　**正解：ウ**

ア　不適切

意匠登録出願前に，日本国内で公然知られた形状等に基づいて，当業者が容易に創作することができた意匠は，創作非容易性の要件を満たさないため，意匠登録を受けることができません(意3条2項)。ただし，意匠登録出願後の公然知られた形状等に基づいている場合には，それにより創作非容易性を否定されることはありませんので，意匠登録を受けることができる場合があります。

イ　不適切

新規性喪失の例外規定の適用を受けるためには，その意匠が公知となった日から1年以内に意匠登録出願をしなければなりません(意4条1項，2項)。

ウ　適切

意匠登録出願前に，日本国内又は外国において公然知られた意匠に類似する意匠は，新規性がないため意匠登録を受けることができません(意3条1項3号)。

実技問題

36　　**(40回　実技　問26)**

ア～ウを比較して，意匠登録を受けることができる可能性が高いものとして，最も適切と考えられるものはどれか。

ア　自然石をそのまま使用した置物
イ　猫の顔が描かれたTシャツ
ウ　恐竜のキャラクターデザイン

解答解説

36

正解: イ

ア　不適切

意匠登録を受けるためには，工業上利用可能な意匠であることが必要です（意3条1項柱書)。ここで，「工業上利用できる」とは，工業的手段によって同じものを複数製造し得ることをいいます(意匠審査基準　第Ⅲ部　第1章)。

自然物をそのまま使用した置物は，自然物を意匠の主たる要素として使用したものであり，量産できず，工業上利用できるものとは認められないため，意匠登録を受けることができません。

イ　適切

意匠に該当するためには，物品もしくは建築物の形態又は画像についての創作であることが必要です(意2条1項柱書)。ここで，物品又は建築物と形態は，一体不可分であることから，物品又は建築物を離れた形態のみの創作，例えば，模様又は色彩のみの創作は，意匠として認められません（意2条1項，意匠審査基準　第2部　第Ⅲ章　第1章　2．1)。

本問の猫の顔が描かれたＴシャツは，物品(Ｔシャツ)と形態(猫の顔)の結合であることから，意匠登録を受けられる可能性があります。

ウ　不適切

上述イのとおり，模様又は色彩のみの創作は，意匠として認められません。したがって，形態のみの創作である恐竜のキャラクターデザインは，意匠登録を受けることはできません。

実技問題

37

(41回　実技　問16)

ア～ウを比較して，意匠登録出願に係る意匠に関して，創作容易な意匠であるとして拒絶理由が通知される可能性の低いものとして，最も適切と考えられるものはどれか。

ア　公然知られたデザインが付されたハンカチに，公然知られた模様を付した，寄せ集めの意匠

イ　公然知られたトートバッグのボタンを，意匠登録出願前に公然知られていないスカートのボタンに置換した，トートバッグの意匠

ウ　ありふれた飛行機の形状を，そのまま，飛行機のおもちゃに転用した，商慣行上行われている転用による意匠

解答解説

37　　**正解: イ**

意匠登録出願前に，その意匠の属する分野における通常の知識を有する者が，日本国内又は外国において公然知られた形状等に基づいて容易に意匠の創作をすることができたときは，その意匠については，創作容易な意匠であるとして意匠登録を受けることができません(意３条２項)。

ア　不適切

寄せ集めの意匠は，複数の公然知られた意匠を当業者にとってありふれた手法により寄せ集めたにすぎない意匠であって，創作容易な意匠であるとして，拒絶理由が通知される可能性があります(意匠審査基準　第Ⅲ部　第２章　6.2)。

イ　適切

公然知られた意匠の特定の構成要素を，当業者にとってありふれた手法により他の公然知られた意匠に置き換えて構成したにすぎない意匠は，置換の意匠として，拒絶理由が通知されます。しかし，公然知られた意匠を公然知られていない意匠に置換した意匠は，置換の意匠には該当しないため，創作容易な意匠として拒絶理由が通知される可能性は低いと考えられます。

ウ　不適切

その意匠の属する分野において，乗物の形状をおもちゃの形状に模することは当業者にとって商慣行上行われているため，容易に創作することができる意匠と認められます（意匠審査基準　第Ⅲ部　第２章　6.1)。したがって，当該意匠は拒絶理由が通知される可能性があります。

実技問題

38　　（45回　実技　問25）

バッグメーカーX社は，バッグA，バッグB，バッグCを企画し，製造した。X社の社員**甲**はこれらのバッグについて意匠登録による保護ができないかどうか検討している。**ア～ウ**を比較して，**甲**の発言として，最も適切と考えられるものを1つだけ選びなさい。

ア「バッグAは，来シーズンのトレンドを意識したファッション性の高いバッグであり，このようなバッグを1社が独占すると市場が混乱するから，意匠登録されることはありません。」

イ「バッグBは，平成に活躍したアイドル歌手が使用していたバッグを忠実に再現したものですから，意匠登録されることはありません。」

ウ「バッグCは，新たに開発した素材を用いたデザインであり，壊れにくく持ち運びしやすくするという技術的な特徴を有するものですから，特許で保護すべきであり，意匠登録されることはありません。」

解答解説

38 **正解: イ**

ア　不適切

意匠法は，意匠の保護及び利用を図ることにより，意匠の創作を奨励し，もって産業の発達に寄与することを目的としています(意１条)。また，意匠権とは，業として登録意匠及びこれに類似する意匠の実施をする権利を独占排他的に専有することができる権利です（意23条)。したがって，１社がバッグのデザインを独占することを理由に意匠登録がされないということはありません。

イ　適切

意匠登録出願前に日本国内又は外国において公然知られた意匠は，新規性がないため，意匠登録を受けることができません(意３条１項１号)。したがって，アイドル歌手が使用していたバッグを忠実に再現したバッグＢは，公然知られた意匠であることから，意匠登録されることはありません。

ウ　不適切

特許法では技術的思想の創作を保護対象としています。一方，意匠法の保護対象は物品のデザインであって，特許法と意匠法では保護対象が異なるため，特許権と意匠権の両方で権利化することが可能です。したがって，技術的な特徴を有するバッグＣは特許法による保護を受けるとともに，バッグＣのデザインが意匠登録の要件を満たす場合には，意匠登録を受けることができます。

9.意匠登録を受けるための手続き

重要Point

- 意匠登録を受ける権利は，**自然人**にのみ与えられ，**法人**（会社など）には認められない
- 意匠登録出願は，**願書**に意匠を記載した**図面**を添付し，経済産業省令に定める物品の区分を記載したうえで出願しなければならない（**一意匠一出願の原則**）
- 意匠法には**出願公開制度**はなく，原則として，意匠は登録された後に，その内容が**公開**される
- 意匠登録出願では，審査を受けるために**出願審査請求**をする必要はない
- 補正では，出願当初の願書の記載や図面などの**要旨**を**変更**する**補正**は認められない
- 特殊な意匠登録出願には，**部分意匠**，**動的意匠**，**組物の意匠**，**内装の意匠**，**秘密意匠**がある

学科問題

39　　**（42回　学科　問23）**

ア～ウを比較して，意匠法に関して，最も適切と考えられるものはどれか。

ア　意匠登録出願は，出願日から３年以内に出願審査請求を行わなかった場合には，取り下げたものとみなされる。
イ　秘密意匠としての請求をしていない意匠登録出願であっても，意匠登録前に特許庁から出願公開されることはない。
ウ　意匠権は，設定登録日から15年間存続し，更新することができない。

解答解説

39

正解: イ

ア　不適切

意匠法には，特許法の出願審査請求のような制度は規定されていません(特48条の3)。意匠登録出願は，出願審査請求を行わなくても，原則としてすべての出願が審査されます(意16条)。

イ　適切

意匠登録出願の内容は，意匠権の設定登録後に発行される意匠公報により，公開されます（意20条3項)。したがって，秘密意匠の請求をしていない場合であっても，意匠登録前に特許庁から出願公開されることはありません。

ウ　不適切

意匠権は意匠登録出願の日から25年間存続し，更新することはできません(意21条1項)。

学科問題

40 (39回　学科　問12)

ア～ウを比較して，意匠登録出願に関して，最も**不適切**と考えられるものはどれか。

ア 店舗などの施設の内装を構成する物品，建築物又は画像に係る意匠は，その内装の一部において統一的な美感を起こさせるときは，一意匠として出願することができる。
イ 組物を構成する物品に係る意匠は，組物全体として統一があるときは，一意匠として出願することができる。
ウ 意匠登録を受けようとする者は，経済産業省令で定める場合は，図面に代えて，意匠登録を受けようとする意匠を現わした写真を提出することができる。

実技問題

41 (43回　実技　問13)

ア～ウを比較して，X社の意匠登録出願に関する手続について，最も適切と考えられるものを1つだけ選びなさい。

ア 意匠登録出願については，意匠権設定の登録前に，出願公開される。
イ 意匠登録出願においては，図面についての補正は要旨変更とされるので認められる場合はない。
ウ 意匠登録出願に係る意匠は，物品の形状等に係る創作であり，特許出願への出願変更が認められている。

解答解説

40

正解: ア

ア　不適切

店舗，事務所その他の施設の内装を構成する物品，建築物又は画像に係る意匠は，その内装全体として統一的な美感を起こさせる場合には，一意匠として出願することができます(意８条の２)。一方，内装の一部において統一的な美感を起こさせたとしても，一意匠として出願することはできません。

イ　適切

組物を構成する物品に係る意匠は，組物全体として統一があるときは，一意匠として出願することができます(意８条)。

ウ　適切

意匠登録を受けようとする者は，経済産業省令で定める場合は，図面に代えて，意匠登録を受けようとする意匠を現わした写真を提出することができます(意６条２項)。

41

正解: ウ

ア　不適切

意匠法では，特許法の出願公開制度のような規定はありません（特64条)。意匠権の設定登録後に，願書及び願書に添付した図面，写真，ひな形又は見本の内容とともに，意匠登録出願人の氏名や住所等の書誌的事項が意匠公報に掲載されることによって，初めて公開されます(意20条３項)。

イ　不適切

願書の記載又は願書に添付した図面，写真，ひな形もしくは見本についてした補正がこれらの要旨を変更するものであるときは，審査官により，決定をもってその補正は却下されます（意17条の２第１項)。ここで，意匠の要旨を変更する補正には，①その意匠の属する分野における通常の知識に基づいて当然に導き出すことができる同一の範囲を超えて変更するものと認められる場合，②出願当初不明であった意匠の要旨を明確なものとするものと認められる場合の２つの類型があり（意匠審査基準　第Ⅵ部　第２章　4.1)，これらの類型に該当しなければ，図面についての補正も認められます。

ウ　適切

意匠登録出願に係る意匠が自然法則を利用した技術的思想の創作のうち高度なもの，すなわち発明に該当する場合には，その意匠登録出願を特許出願に変更することができます(特46条２項)。

10.意匠権の管理と活用

重要Point

- 意匠権は，登録査定の謄本送達日から**30日以内**に**第1年分**の登録料を納付し**設定登録**がされると発生する
- **登録料の納付と同時**に，**秘密意匠**の請求をすることができる
- 意匠権の存続期間は，**意匠登録出願の日**から**25年**で終了し，存続期間の延長制度や更新制度はない
- 意匠権者は，登録を受けた意匠と**同一**および**類似**する意匠を**独占排他的**に実施することができる
- 意匠権が**共有**に係る場合は，他の共有者の同意を得なければ，その意匠権を譲渡したり，ライセンスすることはできない
- 意匠法にも，**職務創作**や**先使用権**の制度が規定されている

学科問題

42　　（46回　学科　問18）

ア～ウを比較して，意匠法上の実施権等に関して，最も**不適切**と考えられるものはどれか。

ア　意匠権が共有に係る場合，自己の持分については，他の共有者の同意がなくても譲渡することができる。

イ　意匠権者は，重複する範囲について複数人に，通常実施権を許諾することができる。

ウ　意匠権者は，登録意匠に類似する意匠について，専用実施権を設定することができる。

解答解説

42 **正解：ア**

ア　不適切

意匠権が共有に係る場合，各共有者は，他の共有者の同意がなければ自己の持分を譲渡することができません（意36条で準用する特73条１項）。

イ　適切

意匠権者は，その意匠権について通常実施権を許諾することができます（意28条１項）。ここで，通常実施権は，専用実施権のような独占的な権利ではないので，重複する範囲について複数人に通常実施権を許諾することができます。

ウ　適切

意匠権者は，その意匠権について専用実施権を設定することができます（意27条１項）。ここで，意匠権の効力は，登録意匠に類似する意匠にまで及ぶので（意23条），意匠権者は，登録意匠に類似する意匠について専用実施権を設定できます。

実技問題

43 **（46回　実技　問18）**

家電メーカーＸ社は，洗濯乾燥機について意匠権Ｄを有している。家電メーカーＹ社は，Ｘ社の意匠権Ｄに係る登録意匠と類似する形態を，洗濯乾燥機と類似する物品である乾燥機の形態に転用することを検討している。**ア～ウ**を比較して，最も**不適切**と考えられるものを１つだけ選びなさい。

ア　Ｘ社の意匠権ＤはＸ社の親会社であるW社との共有であるので，Ｙ社は，W社の同意があれば，Ｘ社から意匠権Ｄについて通常実施権の許諾を受けることができる。

イ　Ｙ社は，Ｘ社から意匠権Ｄについて専用実施権の設定を受ける当事者間契約をしたので，専用実施権として効力を生じさせるために特許庁への登録の必要はない。

ウ　Ｙ社は，Ｘ社から意匠権Ｄについて物品を乾燥機に限定した通常実施権の許諾を受けることができる。

解答解説

43 **正解: イ**

ア　適切

意匠権が共有に係るときは，各共有者は，他の共有者の同意を得なければ，その意匠権について他人に通常実施権を許諾することができません（意36条で準用する特73条３項）。したがって，W社からの同意を得なければ，Ｙ社はＸ社から意匠権Ｄについて通常実施権の許諾を受けることができません。

イ　不適切

専用実施権の設定は，特許庁に登録しなければ，効力が発生しません（意27条４項で準用する特98条１項２号）。したがって，Ｙ社は，Ｘ社から意匠権Ｄについて専用実施権の設定を受けた場合，その専用実施権の効力を生じさせるために特許庁への登録を行わなければなりません。

ウ　適切

意匠権者は，その意匠権について他人に通常実施権を許諾することができます（意28条１項）。また，意匠権の効力は，登録意匠，及びそれに類似する意匠に及ぶため（意23条），意匠権者は，登録意匠と類似する意匠について通常実施権を他人に許諾することができます。本問において，意匠権Ｄに係る登録意匠は，洗濯乾燥機の意匠であり，乾燥機は，洗濯乾燥機と類似する物品であるため，Ｙ社は，Ｘ社から，意匠権Ｄについて物品を乾燥機に限定した通常実施権の許諾を受けることができます。

11.意匠権の侵害と救済

重要Point

・意匠権の効力は，登録意匠と**物品等**が**同一**・**類似**であり，かつ**形状等**（**デザイン**）が**同一**・**類似**の範囲に及ぶ
・**試験**または**研究**のために登録意匠を実施する場合や，**先使用権**を有する場合には，意匠権者の許諾を得ていなくても実施できる例外が認められている
・登録意匠とそれ以外の意匠が類似かどうかの判断基準は**需要者**である
・意匠権者は侵害者に対して，**差止請求**，**損害賠償請求**，**不当利得返還請求**，**信用回復措置請求**をすることができる
・意匠法では，**意匠登録無効審判**の制度は規定されているが，**登録異議申立て**の制度は規定されていない

学科問題

44　　（41回　学科　問6）

ア～ウを比較して，意匠権の効力に関して，最も**不適切**と考えられるものはどれか。

ア　意匠権の効力は，物品が同一又は類似で形態が同一又は類似の意匠だけに及び，物品が非類似で形態が類似する意匠にまで及ぶことはない。
イ　試験又は研究のために登録意匠を実施する場合には，意匠権者の許諾を得ていなくとも，実施することができる。
ウ　登録意匠とそれ以外の意匠が類似するか否かの判断は，その意匠の属する分野における通常の知識を有する者の視覚を通じて起こさせる美感に基づいて行うものとする。

解答解説

44 **正解: ウ**

ア　適切

意匠権の効力は，物品が同一又は類似で形態が同一又は類似の意匠だけに及び，物品が非類似で形態が類似する意匠にまで及ぶことはありません。

イ　適切

意匠権の効力は，試験又は研究のためにする登録意匠の実施には及びません（意36条で準用する特69条１項）。したがって，意匠権者の許諾を得ていなくても，実施することができます。

ウ　不適切

登録意匠とそれ以外の意匠が類似であるか否かの判断は，その意匠の属する分野における通常の知識を有する者ではなく，需要者の視覚を通じて起こさせる美感に基づいて行われます（意24条２項）。

実技問題

45

（45回　実技　問15）

食器メーカーX社は，斬新な模様Aを有する皿の意匠について意匠権Dを有している。X社の営業部の部員**甲**は，Y社が，X社の許可なく模様Aを利用していることを知った。**ア～ウ**を比較して，X社がY社に対して，意匠権Dの行使ができる可能性が高い場合として，最も適切と考えられるものを1つだけ選びなさい。

ア　Y社が，模様Aを有する皿と碗を組み合わせて販売している場合
イ　Y社が，模様Aを有する皿を漫画に登場させている場合
ウ　Y社が，模様Aを有する箸を製造している場合

解答解説

45 **正解: ア**

意匠権者は，業として登録意匠及びこれに類似する意匠の実施をする権利を専有します（意23条）。また，意匠の実施とは，意匠に係る物品を製造し，使用し，譲渡し，貸し渡し，輸出し，もしくは輸入し，又はその譲渡もしくは貸渡しの申出をする行為をいいます(意２条２項)。

ア　適切

Ｙ社が販売する模様Ａを有する皿については，Ｘ社の意匠に係る物品である皿と形態及び物品が同一であるため，Ｙ社が当該皿を販売する行為は，登録意匠の実施に該当し，Ｘ社は権利行使することができます（意23条)。一方，椀については，形態が同一であっても物品が皿と椀で非類似であるため，Ｙ社に侵害行為はなく，Ｘ社による権利行使はできません。

イ　不適切

Ｙ社が漫画に模様Ａを有する皿を記載する行為は，登録意匠の実施に該当しないため，Ｙ社の行為はＸ社の意匠権を侵害しません。したがって，Ｘ社は権利行使することはできません。

ウ　不適切

意匠の類似は物品と形態の類否で判断されます。本問では，Ｘ社の登録意匠に係る物品は皿であって，Ｙ社の販売する箸とは非類似の関係にあります。したがって，Ｙ社が模様Ａを有する箸を販売する行為は，Ｘ社の意匠権に係る意匠の実施には該当しないため，Ｘ社は権利行使することはできません。

実技問題

46 （42回　実技　問26）

健康機器メーカーX社は，新しい体温計Aを開発したところ，その形状は，Y社が販売するスプーン及びフォークと似た形状であることが判明し，意匠権Dを有していることもわかった。**ア～ウ**を比較して，X社の技術者から相談を受けたX社の知的財産部の部員の発言として，最も適切と考えられるものはどれか。なお，「体温計」と，「スプーン」及び「フォーク」とは非類似物品である。

ア「Y社の意匠権Dを調べましたが物品をスプーンとしたものでした。物品が非類似であっても，形状が全く同じ場合には混同が生じる場合があり，体温計Aに意匠権Dの効力が及ぶおそれがあるので，少しデザインを変更した方がよいですね。」

イ「Y社の意匠権Dを調べましたが物品をスプーンとしたものでした。体温計Aとは，物品が非類似であり，意匠権Dの効力は及びません。」

ウ「Y社のウェブサイトを確認したところ，フォークについての意匠登録出願Bが掲載されていました。意匠登録出願Bが意匠登録された場合，体温計Aにも意匠権Dの効力が及ぶので，異なる形状にした方がよいですね。」

解答解説

46

正解: イ

ア　不適切

形態が同一であっても，物品が非類似である場合には，非類似の意匠と判断されるので，意匠権の効力は及びません（意23条）。本問では，Ｙ社の意匠権に係る物品はスプーンあり，Ｘ社の体温計とは物品が非類似であるため，Ｙ社のスプーンに係る意匠権の効力は，Ｘ社の体温計には及びません。

イ　適切

意匠権の効力は，登録意匠及びこれに類似する意匠にも及びます（意23条）。ここで，類似する意匠とは，物品が同一で形態が類似の範囲，もしくは物品が類似し形態が同一又は類似する範囲のものをいいます。Ｘ社の体温計の形状がＹ社のスプーンの形状に類似していたとしても，体温計とスプーンとは物品が非類似であることから，両者は非類似の意匠です。よって，Ｘ社の体温計には，Ｙ社の意匠権の効力は及びません。

ウ　不適切

上述のとおり，非類似の意匠に対しては，意匠権の効力は及びません（意23条）。したがって，Ｙ社の意匠登録出願Ｂが意匠登録された場合でも，Ｘ社の体温計には，Ｙ社の意匠登録出願Ｂに係る意匠権の効力は及びません。

商標法

12.商標法の保護対象と登録要件

重要Point

・商標とは，人の知覚によって認識することができるもののうち，**文字**，**図形**，**記号**，**立体的形状**もしくは**色彩またはこれらの結合**，**音**その他政令で定めるものであって，商品等を生産等する者がその商品等に用いるものである
・自己の業務に係る**商品**または**役務**について使用しないことが明らかなときは，原則として商標登録を受けることができない
・**普通名称**や**慣用商標**，商品の品質などを記述的に表したにすぎない商標などは，**識別力**がなく，商標登録を受けることができない
・商標登録の要件

①自己の業務に係る商品等に使用すること
②識別力を有すること
③商標登録を受けることができない商標に該当しないこと
④先に出願されていないこと(先願主義)

学科問題

47　　(45回　学科　問13)

ア～ウを比較して，商標登録に関して，最も適切と考えられるものはどれか。

ア　ありふれた名称を普通に用いられる方法で表示する標章のみからなる商標について，商標登録を受けることができない。
イ　商品の形状であって，その商品の機能を確保するために不可欠な立体的形状のみからなる商標について，商標登録を受けることができる。
ウ　文字，図形，記号，立体的形状若しくは色彩又はこれらの結合，音その他政令で定めるものであって，新規性を有するもののみが，商標登録を受けることができる。

解答解説

47

正解: ア

ア　適切

ありふれた氏又は名称を普通に用いられる方法で表示する標章のみからなる商標は，識別力がないため，商標登録を受けることができません(商３条１項４号)。

イ　不適切

商品又は商品の包装の形状であって，その商品又は商品の包装の機能を確保するために不可欠な立体的形状のみからなる商標は，商標登録を受けることができません(商４条１項18号)。

ウ　不適切

人の知覚によって認識することができるもののうち，文字，図形，記号，立体的形状もしくは色彩又はこれらの結合，音その他政令で定めるものであって，業として商品等に使用をするものが，商標登録の対象になります(商２条１項)。なお，商標法の保護対象は，商標を自己の商品や役務に使用することによって化体した業務上の信用です(商１条)。したがって，新規性を有していなくても，商標登録を受けることができます。

学科問題

48

(43回　学科　問29)

ア～ウを比較して，商標登録出願の審査に関して，最も**不適切**と考えられるものはどれか。

ア　商標が使用により需要者の間に広く知られたものとなっていても，商標登録出願の審査を受けなければ商標登録はされない。

イ　商標を使用する意思を有していなくても商標登録を受けることができる。

ウ　商品の用途を表示する文字のみからなる商標を使用し続けた結果，商標登録を受けることができる場合がある。

解答解説

48　　**正解: イ**

ア　適切

原則として，すべての商標登録出願は審査され，商標登録をすべき旨の査定の後に登録料を納付して設定登録が行われることにより，商標権が発生します（商14条，18条）。したがって，使用によって需要者の間に広く知られたものとなっていても，審査を受けなければ商標登録はされません。

イ　不適切

自己の業務に係る商品又は役務について使用する意思がなく，使用しないことが明らかであるときは，商標登録を受けることができません（商３条１項柱書）。なお，法令上の制限等により，出願人がその商品や役務について業務を行えない場合にも，商標登録を受けることができません。

ウ　適切

商品の用途を表示する文字のみからなる商標であっても，その商標を使用することによって，需要者が何人かの業務に係る商品又は役務であることを認識することができるものとなった場合には，商標登録を受けることができます（商３条２項）。具体的には，特定の者の出所表示として，その商品又は役務の需要者の間で全国的に認識されているものであることが必要です（商標審査基準　第２）。

実技問題

49 ～ 51　　（43回　実技　問28～問30）

次の発言は，X社の知的財産部の部員**甲**が，商標法における商標の保護に関して説明しているものである。**問49～問51**に答えなさい。

「菓子メーカーY社は，5年前に発売したチョコレート菓子に商標Aを継続して使用することにより，商標Aに［ 1 ］が化体し，国内外で知名度の確立に成功しました。これに対し，Y社の同業他社が，Y社の［ 1 ］を利用して利益を得ようと，商標Aに類似する商標や商標Aと混同する商標について商標登録出願をする場合があります。このような場合には，他人の［ 2 ］と同一又は類似の商標をその商品等と同一又は類似の商品等について使用をする商標に該当することを理由として，商標登録出願が拒絶されます。ここで，この［ 2 ］かどうかの判断においては，商標が使用されている地域については，原則として［ 3 ］を基準に判断されます。」

49　【語群Ⅶ】の中から，空欄［ 1 ］に入る語句として，最も適切と考えられるものを1つだけ選びなさい。

50　【語群Ⅶ】の中から，空欄［ 2 ］に入る語句として，最も適切と考えられるものを1つだけ選びなさい。

51　【語群Ⅶ】の中から，空欄［ 3 ］に入る語句として，最も適切と考えられるものを1つだけ選びなさい。

【語群Ⅶ】

ア	業務上の信用	**エ**	日本国内
イ	周知商標	**オ**	使用商標
ウ	営業上の利益	**カ**	外国

解答解説

49

正解: ア(業務上の信用)

商標法は，商標を保護することにより，商標の使用をする者の業務上の信用の維持を図り，もって産業の発達に寄与し，あわせて需要者の利益を保護することを目的としています(商1条)。商標を使用する者は，商品や役務の提供に係る物品等に一定の商標を継続的に使用することによって，その商標に業務上の信用が化体します。

50

正解: イ(周知商標)

他人の業務に係る商品・役務を表示するものとして，需要者の間に広く認識されている商標又はこれに類似する商標であって，その商品・役務又はこれらに類似する商品・役務について使用をするものは商標登録を受けることができません(商4条1項10号)。また，国内の需要者の間に広く認識されている商標には，最終消費者まで広く認識されている商標のみならず，取引者の間に広く認識されている商標も含まれます(商標審査基準　第3－九　1(1))。

51

正解: エ(日本国内)

広く認識されている商標とは，日本国内にて広く認識されているものをいい，全国的に認識されている商標のみならず，ある一地方で広く認識されている商標も含まれます(商標審査基準　第3－九　1(1))。

実技問題

52　　　　**（42回　実技　問18）**

飲料メーカーX社の知的財産部の部員が，新商品に表示する商標について商標登録出願を検討している。**ア～ウ**を比較して，部員の考えとして，最も適切と考えられるものはどれか。

ア　X社は，会社名である「X株式会社」を，既に商号登記しているので，X社が，新商品のパッケージに表示される「X」について商標登録出願した場合には，確実に登録される。

イ　新商品のパッケージに，図形からなる独創的なロゴマークAを表示することに決定した。ロゴマークAについては著作権法で保護されないので，保護を受けるためには商標登録出願をする必要がある。

ウ　外国の有名な飲料メーカーY社が販売しているコーヒーの著名なブランドBの語感は，新商品のイメージと合っている。Y社はブランドBについて日本に商標登録出願をしていないが，X社が，ブランドBについて新商品を指定商品とする商標登録出願をしても，Y社の日本国内への参入を阻止する目的の出願に該当するとして登録されない場合がある。

解答解説

52　**正解：ウ**

ア　不適切

商標法の保護対象である商標とは，人の知覚によって認識することができるもののうち，文字，図形，記号，立体的形状もしくは色彩又はこれらの結合，音その他政令で定めるものであって，業としてその商品・役務に使用するものをいいます(商２条１項)。ここで，出願に係る商標が商号登記されているか否かは商標登録の要件ではないため，「Ｘ株式会社」がすでに商号登記されていることにより，確実に商標登録されるわけではありません。

イ　不適切

商標法の保護対象は，商標に化体する業務上の信用であり(商１条)，著作権法の保護対象は思想又は感情を創作的に表現した著作物です(著１条)。よって，商標法と著作権法では保護対象が異なることから，ロゴマークＡについては，著作権法による保護に加えて，商標登録出願を行うことで，Ｘ社が新商品を販売することによって得られる業務上の信用についても，保護を受けることができます。

ウ　適切

他人の業務に係る商品又は役務を表示するものとして，日本国内又は外国における需要者の間に広く認識されている商標と同一又は類似の商標であって，不正の目的を有する場合には，商標登録を受けることができません(商４条１項19号)。本問では，Ｙ社のブランドＢは，海外で著名になっているものと考えられるので，Ｘ社の商標登録出願が，Ｙ社の日本国内への参入を阻止する目的である場合には，登録を受けることができません。

実技問題

53　　**(45回　実技　問23)**

アパレルメーカーX社の知的財産部の部員**甲**が，新商品に使用する商品名Aについて先行商標調査をした。調査の結果，Y社が，新商品と同種類の商品について，商品名Aと同一の商標に係る商標権Bを所有していることが判明した。**ア〜ウ**を比較して，**甲**の考えとして，最も適切と考えられるものを1つだけ選びなさい。

ア　商品名AについてY社から専用使用権の設定を受けるためには，登録が必要であると考えた。

イ　商標権Bは存続期間満了により，調査日から1週間経過後に消滅することが確認できたが，商標権Bに係る商標は公知となっていることを理由に，商標権Bに係る商標と同一の商標については，商標登録を受けることはできないと考えた。

ウ　商品名Aについて商標登録を受けることは困難と判断し，商品名として，商品名Aに類似する商品名Cを採択することにした。

解答解説

53

正解: ア

ア 適切

専用使用権の設定は，登録しなければ，効力を生じません（商30条４項で準用する特98条１項２号）。したがって，商標権Ｂについて，Ｙ社から専用使用権の設定を受ける場合には，登録が必要となります。

イ 不適切

先に出願された他人の登録商標又は類似する商標であって，その商標登録に係る指定商品・指定役務と同一又は類似する商品や役務に使用するものは，商標登録を受けることができません（商４条１項11号）。ただし，その他人の商標登録に係る商標権が消滅すれば，その商標権に係る商標と同一の商標について，商標登録を受けることができます。なお，商標法では，特許法のように新規性が登録要件になっていないので，商標が公知であることを理由に出願が拒絶されることはありません。

ウ 不適切

他人の登録商標と類似する商品名を，その登録商標に係る指定商品・指定役務と同一又は類似の商品や役務に使用する行為は，商標権の侵害行為となります（商37条１号）。ここで，商品名Ａに類似する商品名Ｃは，商標権Ｂに係る登録商標と類似する可能性が高いため，商品名Ｃを商標権Ｂに係る指定商品と同種類の商品に使用することは，商標権Ｂの侵害行為に該当し得るので，適切ではありません。

13.商標登録を受けるための手続き

重要Point

・商標登録出願は，商標を使用する一または二以上の**商品**または**役務**を指定して，商標ごとにしなければならない(**一商標一出願**の原則)
・商標登録出願をすると，準備が整い次第，**自動的**に**出願公開**がなされる
・商標登録出願では，審査を受けるために**出願審査請求**をする必要はない
・商標の図形や文字を変更することや，指定商品・指定役務を追加したり，指定商品等を類似または非類似の商品等へ変更することは，**要旨変更**の補正として認められないが，指定商品・指定役務を**減縮**することや，正しい区分へ**是正**する補正は認められる
・商標登録出願を，特許出願や意匠登録出願に変更することはできない

学科問題

54　　(39回　学科　問1)

ア～ウを比較して，商標登録出願の審査に関して，最も**不適切**と考えられるものはどれか。

ア　商標登録出願の審査は，出願人からの出願審査の請求を待って行われる。
イ　拒絶理由通知への対応として，出願当初の願書に記載されていた指定商品を非類似の商品へ変更することは，要旨変更の補正として認められず，出願当初の願書に記載されていた指定商品を類似する商品へ変更することも，認められない。
ウ　商標登録出願人に対して拒絶理由通知がされ，意見書を提出したが当該拒絶理由が解消されない場合には拒絶査定がされる。

解答解説

54

正解: ア

ア　不適切

商標法には，特許法の出願審査請求のような制度は規定されていません。よって，原則として，すべての商標登録出願は，審査官による審査が行われます（商14条）。

イ　適切

出願当初の願書に記載されていた指定商品を非類似の商品へ変更する補正，及び，類似する商品へ変更する補正は，いずれも要旨変更の補正として認められません（商16条の2第1項，商標審査基準　第13　第16条の2及び第17条の2（補正の却下））。

ウ　適切

商標登録出願が所定の拒絶理由に該当するとして，拒絶理由通知がされた後に，意見書によっても拒絶理由が解消されない場合には，審査官によりその商標登録出願について拒絶をすべき旨の査定がなされます（商15条柱書，15条の2）。

学科問題

55 **(42回　学科　問16)**

ア〜ウを比較して，商標法に規定されている制度として，最も**不適切**と考えられるものはどれか。

ア　分割出願制度
イ　出願審査請求制度
ウ　出願公開制度

解答解説

55

正解：イ

ア　適切

商標法では，分割出願制度が規定されており，商標登録出願人は，二以上の商品又は役務を指定商品又は指定役務とする商標登録出願の一部を一又は二以上の新たな商標登録出願とすることができます(商10条)。

イ　不適切

商標法には，特許法のような出願審査請求制度は規定されていません。出願審査請求をしなくても，原則として，すべての商標登録出願が審査官により審査されます(商14条)。

ウ　適切

商標法では，出願公開制度が規定されており，商標登録出願があったときは，原則として，すべての出願について公開商標公報に掲載され，商標登録出願の内容が公開されます(商12条の2)。

14.商標権の管理と活用

重要Point

- 登録査定の謄本送達日から30日以内に**10年分**もしくは**5年分**の登録料を納付すると，**設定登録**により商標権が発生する
- 更新登録の申請は，**商標権者**が手続きをしなければならない
- 更新登録の申請は，**存続期間満了の6カ月前**から満了の日までにする必要がある。ただし，期限が経過した場合でも**経済産業省令で定める期間内**であれば，割増登録料を納付して申請手続をすることができる
- 通常使用権は，**登録**しなければ，その後に商標権を譲り受けた者に対して，その効力を主張することができない
- 指定商品等が複数ある場合には，指定商品または指定役務ごとに**移転**することができる
- **日本国内**で継続して**3年以上**，**商標権者**，**専用使用権者**，**通常使用権者**のいずれもが，指定商品または指定役務について登録商標を使用していない場合は，その**商標登録**の**取り消し**について，**誰でも**不使用取消審判を請求することができる
- 商標が**普通名称**になると商標権の効力が及ばなくなり，他人の使用を禁止できなくなる

学科問題

56　　（43回　学科　問3/改）

ア～ウを比較して，商標権に関して，最も適切と考えられるものはどれか。

ア　自己の商標権に係る禁止権と他人の商標権に係る禁止権とが重複する範囲について，当該他人は登録商標を使用することができる。
イ　専用使用権の設定は，登録しなければその効力を生じない。
ウ　商標権は，その一部の指定商品を分割して他人に移転することはできない。

解答解説

56　　**正解：イ**

ア　不適切

商標権者は，指定商品又は指定役務について登録商標を使用する権利を専有します（商25条）。これを専用権といいます。一方，登録商標に類似する範囲（禁止権の範囲）では，他人の使用を禁止するのみにとどまり，商標権者であっても独占的に使用することはできません（商37条）。したがって，自己の禁止権の範囲と他人の禁止権の範囲が重複する場合には，いずれの権利者も禁止権の範囲を使用することはできません。

イ　適切

専用使用権の設定は，登録しなければ効力が発生しません（商30条４項で準用する特98条１項２号）。

ウ　不適切

商標権は，指定商品又は指定役務が二以上あるときは，指定商品又は指定役務ごとに分割して移転することができます（商24条の２第１項）。

学科問題

57　　　　　　　　　　　　　　　　　　　　　　　　　（40回　学科　問3）

ア～ウを比較して，商標権に基づくライセンス契約に関して，最も**不適切**と考えられるものはどれか。

ア　指定商品が複数ある場合，指定商品ごとに専用使用権を設定することができる。

イ　商標権が共有に係るときは，各共有者は，他の共有者の同意を得なくても，他人に専用使用権を設定することができる。

ウ　同一の指定商品について，複数人に通常使用権を許諾することができる。

解答解説

57 **正解：イ**

ア　適切

商標権者は，指定商品が二以上ある商標権について専用使用権を設定する場合には，指定商品ごとに専用使用権を設定することができます（商30条2項）。

イ　不適切

商標権が共有に係る場合，各共有者は，他の共有者の同意を得なければ，その商標権について専用使用権を設定することができません（商35条で準用する特73条3項）。

ウ　適切

商標権者は，その商標権について他人に通常使用権を許諾することができます（商31条1項）。ここで，通常使用権は，専用使用権のような独占的な権利ではないので，複数人に許諾することができます。

実技問題

58　　**（39回　実技　問21）**

文房具メーカーX社の知的財産部の部員は，X社が保有する商標権について確認したところ，主力製品であるボールペンについての商標Aに係る商標権Mが，存続期間の満了後すでに5カ月を経過していることがわかった。**ア～ウ**を比較して，部員の発言として，最も適切と考えられるものはどれか。

ア　「商標権Mの存続期間は満了していますが，存続期間の満了後であっても他人は商標Aを使用できないので，そのまま放置しても問題ありません。」

イ　「商標Aについて再度，商標登録出願をした場合であっても，登録を受けられない場合があります。」

ウ　「まだ商標権Mの存続期間の更新登録の申請を行うことは可能ですが，その際には商標Aの使用証明書を提出する必要があります。」

解答解説

58

正解: イ

ア　不適切

商標権の存続期間が満了したときは，商標権者は他人がその商標を使用する行為を差し止めることができません（商25条）。よって，他人が商標Ａを使用できないようにするためには，放置せず，商標Ａに係る商標権の更新登録の申請を行う必要があります。

なお，商標権の存続期間は，更新登録の申請により更新することができますが（商19条２項），更新登録申請ができる期間内に手続きが行われなかったときは，存続期間の満了時にさかのぼって商標権は消滅したとみなされます（商20条４項）。

イ　適切

同一又は類似の商標について異なった日に二以上の商標登録出願があった場合には，最先の出願人のみが商標登録を受けることができます（商８条１項）。また，Ｘ社が商標Ａに係る商標権について更新登録申請をしなかった場合には，存続期間の満了時にさかのぼって商標権が消滅したとみなされます（商20条４項）。

Ｘ社が商標Ａについて再度，商標登録出願した場合であっても，第三者がＸ社より先に，同じ商標Ａについてボールペンを指定商品とする商標登録出願をして商標登録を受けていた場合には，Ｘ社は登録を受けることができません（商４条１項11号）。

ウ　不適切

商標権の存続期間は，商標権者が更新登録の申請をすることにより更新されます（商19条２項）。また，更新登録申請は，商標権の存続期間の満了前の６カ月前から満了の日までの間に行う必要がありますが，その期間が経過した後であっても，経済産業省令で定める期間内（６カ月）に限りその申請をすることができます（商20条２項，３項）。しかし，更新登録を受けるために登録商標の使用証明書を提出する必要はありません（商20条１項各号）。

実技問題

59　　**（41回　実技　問17）**

時計メーカーX社は，商標Aについて「腕時計」を指定商品として商標登録出願をし，登録査定を受けた。この商標Aについて，X社の知的財産部の部員**甲**が営業部の部員**乙**に説明している。**ア～ウ**を比較して，**甲**の説明として，最も適切と考えられるものはどれか。

ア　商標Aに係る商標権について，通常使用権がY社に許諾され，Y社が商標Aを使用している場合であっても，Y社は存続期間の更新登録の申請をすることはできない。

イ　商標Aに係る商標権は，登録料を納付することにより発生し，存続期間は，商標登録出願の出願日から10年である。

ウ　商標Aについて，登録料を分割して納付することが可能であり，分割納付を選択した場合の後期分の登録料は，設定登録日から7年経過後であっても納付できる場合がある。

解答解説

59 **正解: ア**

ア 適切

存続期間の更新登録の申請は，商標権者のみが行うことができます（商20条）。したがって，通常使用権者が商標Ａを使用している場合であっても，通常使用権者は存続期間の更新登録の申請をすることはできません。

イ 不適切

登録料を納付し設定登録がされると商標権が発生します（商18条２項）。しかし，商標権の存続期間は，出願日ではなく，設定登録日から10年です（商19条１項）。

ウ 不適切

登録料は10年分を一括で納めることも，５年ごとに分割して納付することもできます（商41条の２第１項）。分割した場合，後期分の登録料は，前期の存続期間の満了前である５年までに納付しなければなりません。さらに，その期間が経過した後であっても，その期間の経過後６カ月以内に納付することはできますが，設定登録日から７年経過後には納付することができません（商41条の２第５項）。

商標法

15.商標権の侵害と救済

重要Point

- 商標権者が**独占的**に使用できる範囲は，指定商品または指定役務における登録商標の使用に限られ，登録商標または指定商品・指定役務のいずれかが類似，もしくは両方が類似する範囲については，他人の使用を**禁止**できる
- 商標権者は，侵害者に対して**差止請求**，**損害賠償請求**，**不当利得返還請求**，**信用回復措置請求**をすることができる
- **商標登録無効審判**は**利害関係人**でなければ請求することができない
- 一定の無効理由については，商標権の設定登録日から**5年**を経過していると，**商標登録無効審判**を請求することができない
- 商標掲載公報が発行された日から**2カ月以内**であれば，**誰でも**，**登録異議の申立て**をすることができる

学科問題

60　　（41回　学科　問26）

ア～ウを比較して，商標権の効力と商標権の侵害に対する救済に関して，最も**不適切**と考えられるものはどれか。

ア　商標権者が，商標法上独占的に登録商標を使用できる範囲は，指定商品又は指定役務における登録商標の使用に限られる。

イ　商標権が侵害されたときには，商標権者には，損害賠償請求，差止請求が認められる。

ウ　商標権は，権利が存続している間であれば，専用権及び禁止権の範囲について，効力が及ばなくなることはない。

解答解説

60

正解: ウ

ア　適切

商標権者は，指定商品又は指定役務について，登録商標を使用する権利を専有します（商25条）。なお，類似する範囲については，第三者の使用を排除する禁止権が認められていますが，商標権者が独占的に使用することはできません（商37条1号）。

イ　適切

商標権の侵害に対しては，商標権者には，損害賠償請求（民709条），差止請求（商36条），さらに，信用回復措置請求（商39条で準用する特106条），不当利得返還請求（民703条，704条）が認められます。

ウ　不適切

自己の氏名等を普通に用いられる方法で表示する商標の使用や，商品又は商品の包装に地理的表示を付する行為等の一定の行為に対しては，専用権及び禁止権の範囲のいずれにおいても，商標権の効力が及ばないことになっています（商26条1項各号，3項各号）。

実技問題

61 ～ 63 （44回　実技　問28～問30）

この会話は，X社の知的財産部の部員**甲**が商標権の侵害として警告を受けた場合の措置に関して，部員**乙**に説明しているものである。**問61 ～問63** に答えなさい。

乙「商標権の侵害の警告を受けた場合には，どうしたらよいですか。」
甲「差止請求等を免れることができるかどうかを検討する必要があります。」
乙「具体的には，どういうことですか。」
甲「例えば，商標登録が，識別力を有しないにもかかわらずなされた場合には，商標登録の［ 1 ］審判を請求する措置をとることができます。」
乙「誰が［ 1 ］審判を請求できますか。」
甲「［ 2 ］請求することができます。」
乙「いつでも［ 1 ］審判を請求できますか。」
甲「商標権の設定登録日から［ 3 ］を経過すると請求できなくなる場合もあるので注意する必要があります。」

61 【語群Ⅶ】の中から，空欄［ 1 ］に入る語句として，最も適切と考えられるものを１つだけ選びなさい。

62 【語群Ⅶ】の中から，空欄［ 2 ］に入る語句として，最も適切と考えられるものを１つだけ選びなさい。

63 【語群Ⅶ】の中から，空欄［ 3 ］に入る語句として，最も適切と考えられるものを１つだけ選びなさい。

【語群Ⅶ】

ア　出願人に限り	**オ**　取消
イ　１年	**カ**　利害関係人に限り
ウ　何人でも	**キ**　10年
エ　５年	**ク**　無効

解答解説

61

正解: ク(無効)

侵害の警告を受ける原因となった登録商標が，不適法に登録されていた場合には，商標登録無効審判を請求することによって，その商標権を消滅させることができれば，侵害を回避することができます（商46条１項)。商標登録無効審判により無効が確定した場合には，原則として，その商標権は初めからなかったものとみなされます(商46条の２)。

62

正解: カ(利害関係人に限り)

商標法には，商標登録無効審判は利害関係人に限り請求することができる旨が規定されています(商46条２項)。

63

正解: エ(5年)

商標登録の無効審判の請求に関し，一定の無効理由については除斥期間が設けられています。除斥期間の適用がある無効理由に該当する場合には，商標権の設定登録日から５年を経過した後は，商標登録無効審判を請求することができません(商47条１項)。

条約

16.パリ条約

重要Point

・パリ条約の三大原則は，**内国民待遇**，**優先権**，**各国の特許の独立**である
・**内国民待遇**とは，同盟国の国民に対して，自国の国民と同等の**保護**および**救済措置**を与えなければならないことをいう
・同盟国の国民でなくても，いずれかの同盟国の領域内に住所があるか，現実かつ真正の工業上または商業上の営業所を有していれば，同盟国の国民とみなされる
・パリ条約の**優先権**を**主張**した**出願**は，先の出願に基づいて他の同盟国にした後の出願においても，先の出願日に出願したものと**同様の効果**が与えられる
・特許・実用新案の優先期間は**12カ月**，意匠・商標の優先期間は**6カ月**である
・同盟国における権利の**無効**，**消滅**，**存続期間**等は，他の同盟国の権利に影響を与えない。これを**各国の特許の独立**という

学科問題

64　　(46回　学科　問6)

ア～ウを比較して，パリ条約の優先権制度に関して，最も**不適切**と考えられるものはどれか。

ア　パリ条約に規定された優先期間は，同盟国の事情により短縮することはできない。
イ　優先期間は，実用新案，意匠のいずれについても6カ月である。
ウ　パリ条約の同盟国にした最初の第1国出願に基づいて，優先期間内に他の同盟国にパリ条約上の優先権を主張して第2国出願をしたときには，当該第2国出願に係る発明の新規性などの登録要件は，第1国出願の時点で判断される。

解答解説

64

正解: イ

ア　適切

パリ条約の同盟国は，他の同盟国の国民をパリ条約の規定よりも有利に取り扱うことは可能ですが，不利に取り扱うことはできません。したがって，優先期間をその同盟国の事情により短縮することはできません。

イ　不適切

パリ条約の優先権制度では，特許及び実用新案についての優先期間は12カ月です。一方，意匠及び商標についての優先期間は，６カ月です（パリ４条Ｃ（１））。

ウ　適切

優先期間内にパリ条約の優先権を主張した出願は，優先期間内に行われた他の出願，又は発明の公表や実施等によって不利な取り扱いを受けません（パリ４条B）。したがって，パリ条約の同盟国にした最初の第１国出願に基づいて，優先期間内に他の同盟国に第２国出願をした時には，その第２国出願に係る発明の新規性などの登録要件は，第１国出願の時点で判断されることになります。

学科問題

65　　**（43回　学科　問13）**

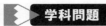

ア～ウを比較して，工業所有権の保護に関するパリ条約に規定される三大原則として，最も**不適切**と考えられるものはどれか。

ア　属地主義
イ　内国民待遇
ウ　各国特許の独立

実技問題

66　　**（40回　実技　問22）**

機械メーカーX社の知的財産部の部員**甲**は，日本にした特許出願Aに基づいて，パリ条約上の優先権を主張して米国に特許出願Bをすることを検討している。**ア～ウ**を比較して，**甲**の発言として，最も適切と考えられるものはどれか。

ア「特許出願Aについて出願審査の請求をした後は，特許出願Aに基づいてパリ条約上の優先権を主張して特許出願Bをすることはできません。」
イ「特許出願Aに基づいてパリ条約上の優先権を主張して特許出願Bをした場合であっても，特許出願Bの出願日は，特許出願Aの出願日となりません。」
ウ「特許出願Aに対して出願公開が請求された場合，特許出願Bについて特許出願Aに基づくパリ条約上の優先権の主張は認められません。」

解答解説

65

正解: ア

パリ条約に規定する３大原則は，「内国民待遇の原則」，「優先権制度」，「特許独立の原則」です。一方，「属地主義」とは，国ごとに定められた権利や義務は他の国に影響を及ぼさないとする考え方ですが，パリ条約に規定されたものではありません。

66

正解: イ

ア　不適切

特許出願Ａの日付が確定していれば，特許出願Ａについて出願審査請求をした後であっても，特許出願Ｂについて特許出願Ａに基づくパリ条約上の優先権の主張は認められます。

イ　適切

パリ条約の優先権の効果は，優先権の主張をした出願が，優先期間中の行為によって不利に取り扱われないことであって，出願日が基礎出願の出願日にさかのぼることではありません(パリ４条Ｂ)。したがって，特許出願Ａに基づいてパリ条約上の優先権を主張して特許出願Ｂをした場合であっても，特許出願Ｂの出願日は，あくまで現実に特許出願Ｂを行った日であり，特許出願Ａの出願日にはなりません。

ウ　不適切

パリ条約の優先権は，その基礎となる出願について日付が確定していれば，結果のいかんを問わず発生します(パリ４条Ａ(１)，(３))。したがって，特許出願Ａの日付が確定していれば，特許出願Ａに対して出願公開が請求された場合であっても，特許出願Ｂについて特許出願Ａに基づくパリ条約上の優先権の主張は認められます。

17.特許協力条約(PCT)

重要Point

・**特許協力条約**(**PCT**)は，発明の保護を目的とし，一つの特許出願を多数国への特許出願として扱う**国際出願**という制度を定めた条約である
・特許協力条約(PCT)に基づく国際出願の流れ

国際出願	自国の特許庁または**世界知的所有権機関**(WIPO)に出願が可能
国際調査	原則としてすべての出願について,**国際調査機関**により,**自動的**に国際調査が行われる
国際公開	優先日から**18カ月**経過後,**国際事務局**により公開される
国際予備審査	出願人の請求により,出願内容が新規性,進歩性, 産業上利用可能性を有するかどうかについて,審査が行われる
国内移行手続	優先日から30カ月以内に移行手続をする必要がある

学科問題

67 **(42回　学科　問19)**

ア～ウを比較して，特許協力条約（PCT）において規定されている制度に関して，最も**不適切**と考えられるものはどれか。

ア　日本国特許庁に対して，日本語又は英語により出願書類を作成し，国際出願することができる。
イ　優先日から18カ月以内に国際調査の請求をしなければ，国際調査報告を受けることはできない。
ウ　国際調査機関の書面による見解は，国際調査報告と同時に作成される。

解答解説

67 **正解: イ**

ア　適切

日本国特許庁を受理官庁として国際出願をしようとする者は，日本語又は英語により作成した出願書類を提出することができます（特許協力条約に基づく国際出願等に関する法律3条1項，同法施行規則12条)。

イ　不適切

国際出願は，原則として国際調査の対象となります（PCT15条（1))。つまり，各国際出願は，特に国際調査の請求をしなくとも，国際調査報告を受けることができます。

ウ　適切

国際調査機関の書面による見解は，国際調査報告と同時に作成されます（PCT規則43の2.1)。

学科問題

68

（43回　学科　問25）

ア～ウを比較して，特許協力条約（PCT）に規定される制度として，最も**不適切**と考えられるものはどれか。

ア　国際予備審査制度
イ　国際審査請求制度
ウ　国際調査制度

実技問題

69

（44回　実技　問23）

精密機器メーカーであるX社は，発明Aについて特許協力条約（PCT）による国際出願をすることとした。**ア～ウ**を比較して，国際出願に関して，最も**不適切**と考えられるものを1つだけ選びなさい。

ア　X社はわが国において設立された法人であるが，わが国の特許庁ではなく世界知的所有権機関（WIPO）の国際事務局に国際出願をすることもできる。
イ　わが国の特許庁は，受理官庁として国際出願を受理し，かつ国際調査機関としてその受理した国際出願について国際調査をすることがある。
ウ　わが国の特許庁を受理官庁として国際出願する場合は，日本語で書類を作成しなければならない。

解答解説

68

正解: イ

ア　適切

特許協力条約（PCT）では，国際出願を対象として特許性についての予備的な見解を示す国際予備審査制度を採用しています(PCT33条)。

イ　不適切

国際審査請求制度という制度は，特許協力条約(PCT)には規定されていません。

ウ　適切

特許協力条約（PCT）では，国際出願を対象として関連する先行技術を調査する国際調査制度を採用しています(PCT15条)。

69

正解: ウ

ア　適切

国際出願は，出願人の自国の国内官庁，あるいは世界知的所有権機関(WIPO)の国際事務局に行うことが可能です（PCT規則19.1)。したがって，X社は，日本国の特許庁ではなく国際事務局に国際出願をすることができます。

イ　適切

日本国の特許庁を受理官庁として国際出願を行った場合，その国際出願が日本語による国際出願であるならば，日本国の特許庁が国際調査機関となり，英語による国際出願であるならば，日本国の特許庁，ヨーロッパ特許庁，シンガポール特許庁もしくはインド特許庁が国際調査機関となります。

ウ　不適切

日本国の特許庁を受理官庁として国際出願する場合は，日本語又は英語で出願書類を作成することができます（特許協力条約に基づく国際出願等に関する法律3条1項，同法施行規則12条)。

実技問題

70 （40回　実技　問14/改）

自動車メーカーX社の知的財産部の部員**甲**は，特許協力条約（PCT）に基づいて国際出願をすることを検討している。**ア～ウ**を比較して，**甲**の発言として，最も**不適切**と考えられるものはどれか。

ア 「X社は国際出願した後，所定の期間内に国際事務局に対して国際公開の請求をすることができますが，請求がなくとも国際公開されます。」

イ 「X社が国際出願した後，国内移行手続を行わなくても，各指定国で審査が開始されます。」

ウ 「X社が国際出願した後，所定の期間内に国際予備審査機関に対して国際予備審査請求をした場合に限り，国際予備審査は行われます。」

71 （46回　実技　問26）

X社の知的財産部の部員は，特許協力条約（PCT）に基づく国際出願をすることを検討している。**ア～ウ**を比較して，部員の発言として，最も**不適切**と考えられるものを1つだけ選びなさい。

ア 「国際出願した後，原則として優先日から18カ月経過後に国際公開が行われますが，国際公開の時期を早めることもできます。」

イ 「国際出願した後，所定の期間内に国際調査機関に対して国際調査を行うことを請求する必要があります。」

ウ 「国際出願した後，所定の期間内に指定国毎に国内移行手続を行うために，国際事務局に対して移行手続の請求を行う必要はありません。」

解答解説

70

正解：イ

ア　適切

国際出願の出願人は，所定の期間内に，その国際出願について国際事務局に対して国際公開の請求をすることができます（PCT21条（2）（b））。なお，国際出願は，出願人からの公開請求がなくとも，出願日から所定の期間が経過した後に国際公開されます（PCT21条（2）（a））。

イ　不適切

各指定国の官庁は，所定の翻訳文を提出する等の国内移行手続が完了した時点で審査を開始します（PCT22条，23条）。つまり，出願人が国内移行手続を行わない限り，各指定国で審査が開始されることはありません。

ウ　適切

国際出願は，所定の期間内に国際予備審査機関に対して国際予備審査請求をした場合に限り，国際予備審査が行われます（PCT31条（1））。

71

正解：イ

ア　適切

国際出願した後，原則として優先日から18カ月後に国際公開が国際事務局によって行われます（PCT21条（1），（2）（a））。また，国際出願の出願人は，優先日から18カ月の期間が満了する前に国際公開を行うことを国際事務局に対して請求し，国際公開の時期を早めることができます（PCT21条（2）（b））。

イ　不適切

国際出願は，原則としてすべて国際調査の対象となります（PCT15条（1））。したがって，国際出願の出願人が国際調査を受けるにあたり，国際出願後，所定期間内に国際調査機関に対して国際調査の請求を行う必要はありません。

ウ　適切

国際出願した後，所定の期間内に指定国ごとに各国移行手続を行う必要がありますが（PCT22条（1）），この際に国際事務局に対して移行手続の請求を行う必要はありません。

条約

18.その他の条約

重要Point

- **TRIPS協定**では，知的財産権の適切な保護や権利行使の確保，紛争解決手続について，規定されている
- **TRIPS協定**は，特許権のみならず，意匠権や商標権など知的財産権全体を対象としている
- **最恵国待遇**とは，加盟国が他の国民に与える有利な利益や免除等は，即時かつ無条件に他の加盟国の国民に与えなければならないことである
- **マドリッド協定議定書**の制度を利用すれば，複数の国において商標登録を受けるための手続きが簡素化される
- 商標の国際出願をする場合は，出願人の**自国**に商標登録出願もしくは商標登録がなければならない
- 商標の国際登録の存続期間は**10年**であり，10年ごとに**更新**することができる
- **ハーグ協定**は意匠の国際出願や公開，国際登録を一括して行うことができる協定である
- **ベルヌ条約**は，著作物を国際的に保護するための条約である

学科問題

72　　　　（46回　学科　問13）

ア～ウを比較して，TRIPS協定に関して，最も**不適切**と考えられるものはどれか。

ア　TRIPS協定では，特許権について規定されており，商標権についても規定されている。

イ　TRIPS協定では，特許の対象として，物の発明に加え，方法の発明も認めている。

ウ　TRIPS協定では，パリ条約の三大原則の1つである内国民待遇は規定されていないが，最恵国待遇は規定されている。

解答解説

72

正解: ウ

ア　適切

TRIPS協定において「知的所有権」とは，特許権のみならず，意匠権や商標権など知的財産権全体を対象としています(TRIPS 1条(2))。

イ　適切

TRIPS協定では，特許の対象として，物の発明であるか方法の発明であるかを問わず，すべての技術分野の発明について認めています(TRIPS 27条(1))。

ウ　不適切

TRIPS協定では，内国民待遇及び最恵国待遇の両方が規定されています(TRIPS 3条，4条)。

著作権法

著作権法

19.著作権法の目的と著作物

重要Point

・**著作物**とは，**思想**または**感情**を**創作的**に**表現**したものであって，文芸，学術，美術または音楽の範囲に属するものをいう
・**二次的著作物**とは，**翻訳**や**翻案**により元の著作物に新たな創作性が加えられてできた著作物をいい，例えば，著作物の翻訳や小説の映画化などが挙げられる
・新聞や雑誌など，その**素材の選択**または**配列**によって**創作性**を有するものを**編集著作物**という
・**データベースの著作物**とは，データベースでその**情報の選択**または**体系的な構成**により，**創作性**を有するものをいう
・**憲法**その他の**法令**，**国等が発行**する告示，訓令，通達その他これらに類するものや**裁判所の判決**，**決定**等は著作物であっても，著作権法の保護対象にはならない

学科問題

73 **（44回　学科　問7）**

ア～ウを比較して，著作物に関して，最も適切と考えられるものはどれか。

ア 著作物とは，思想又は感情を創作的に表現したものであって，文芸，学術，美術又は音楽の範囲に属するものをいう。
イ 著作物とは，思想又は感情を創作的に表現したものであって，公然と知られていないものをいう。
ウ 著作物とは，思想又は感情を創作的に表現したものであって，物に固定されているものをいう。

解答解説

73 　　**正解：ア**

ア　適切

著作物とは，思想又は感情を創作的に表現したものであって，文芸，学術，美術又は音楽の範囲に属するものをいいます(著２条１項１号)。

イ　不適切

著作物とは，思想又は感情を創作的に表現したものであって，文芸，学術，美術又は音楽の範囲に属するものをいい（著２条１項１号)，「公然と知られていないもの」である必要はありません。

ウ　不適切

著作物とは，思想又は感情を創作的に表現したものであって，文芸，学術，美術又は音楽の範囲に属するものをいい（著２条１項１号)，「物に固定されているもの」である必要はありません。

学科問題

74 （40回　学科　問15）

ア～ウを比較して，著作権法上の保護対象に関して，最も適切と考えられるものはどれか。

ア 地図は，著作権法上の保護対象となる。
イ 著作権法の条文自体は，著作権法上の保護対象となる。
ウ 編集著作物として保護されるためには，素材の選択及び配列の両方に創作性を有さなければならない。

75 （41回　学科　問20）

ア～ウを比較して，二次的著作物に関して，最も適切と考えられるものはどれか。

ア 原著作物の著作権が存続期間の満了により消滅する場合，二次的著作物の著作権も同時に消滅する。
イ 原著作物の翻訳，映画化，編曲など，原著作物に新たな創作性を加えることにより創作された著作物は，二次的著作物となる。
ウ 二次的著作物を利用する場合，原著作物の著作権者の許諾は不要である。

解答解説

74

正解: ア

ア　適切

地図は，地図の著作物として著作権法の保護の対象になります（著10条1項6号）。

イ　不適切

著作権法の条文自体は，著作権法における権利の目的とはなりません（著13条1号）。

ウ　不適切

編集著作物として保護されるためには，素材の選択及び配列のうちの一方に創作性を有していればよいです(著12条1項)。

75

正解: イ

ア　不適切

原著作物の著作権と，二次的著作物の著作権とはそれぞれ独立した権利であり，原著作物の著作権の存続期間の終期は原著作物の著作者の死亡が基礎になり，二次的著作物の著作権の存続期間の終期は二次的著作物の著作者の死亡が基礎になります（著51条2項）。したがって，原著作物の著作権が存続期間の満了により消滅しても，二次的著作物の著作権が同時に消滅するとは限りません。

イ　適切

原著作物の翻訳，映画化，編曲など，原著作物に新たな創作性を加えることにより創作された著作物は，二次的著作物となります（著2条1項11号，最高裁平成13年6月28日　第一小法廷判決)。

ウ　不適切

二次的著作物の原著作物の著作者は，当該二次的著作物の利用に関し，当該二次的著作物の著作者が有するものと同一の種類の権利を専有します（著28条)。この規定により，二次的著作物を利用する場合には，原著作物の著作権者と二次的著作物の著作権者それぞれから許諾を得る必要があります。したがって，二次的著作物を利用する場合には原著作物の著作権者の許諾が必要になります。

実技問題

76　　（43回　実技　問24）

ア～ウを比較して，著作権法上，著作物として保護されるものとして，最も**不適切**と考えられるものを１つだけ選びなさい。

ア　スイスに居住する日本国民が描き，スイスで公表された絵画
イ　「富士山の高さは3776メートルです」という文章
ウ　アイススケートショーの振付

解答解説

76 **正解：イ**

ア　適切

絵画は，美術の著作物に該当します(著2条1項1号，10条1項4号)。また，日本国民の著作物は，わが国の著作権法による保護を受けることができます（著6条1号)。したがって，スイスに居住する日本国民が描き，スイスで公表された絵画は，著作権法上，著作物として保護されます。

イ　不適切

「富士山の高さは3776メートルです」という文章は，事実の伝達に過ぎず，思想又は感情を創作的に表現したものではないので(著2条1項1号)，著作物として保護されません。

ウ　適切

アイススケートショーの振付は，思想又は感情を創作的に表現したものであって，文芸，学術，美術又は音楽の範囲に属するものなので，舞踊の著作物として保護されます(著2条1項1号，10条1項3号)。

著作権法

20.著作者

重要Point

- **著作者**とは，著作物を創作する者をいい，単なる資金提供者など実際に著作物を創作していない者は著作者には該当しない
- **共同著作物**とは，二人以上の者が共同して創作した著作物であって，分離して個別的に利用できない一つの著作物をいう
- 会社の従業員が，職務として著作物を創作した場合には，その会社(法人)が著作者となり，著作者人格権と著作(財産)権を有することになる
- **職務著作(法人著作)**の成立要件

①会社等の**発意**に基づくこと
②会社等の業務に従事する者が**職務上作成**すること
③会社等が**自社**の**名義**のもとに**公表**すること(**プログラムの著作物を除く**)
④作成時に,従業者を著作者とするといった契約等の**特別な定め**がないこと

- 映画の著作物の著作者は，**映画プロデューサー**や**映画監督**など，その映画の**全体的形成**に**創作的**に寄与した者となる
- 著作者が**映画製作者**に対して，その映画の著作物の製作に**参加**することを**約束**している場合には，映画の著作物の**著作(財産)権**は映画製作者に帰属する

学科問題

77　　　　**(40回　学科　問30)**

ア～ウを比較して，著作者等に関して，最も適切と考えられるものはどれか。

ア　職務著作に係る著作物の著作者人格権は，著作物を創作した従業者と法人その他の使用者が共有する。

イ　映画の著作物の著作者とは，映画の著作物の製作に発意と責任を有する者をいう。

ウ　共同著作物とは，２人以上の者が共同して創作した著作物であって，その各人の寄与を分離して個別的に利用することができないものをいう。

解答解説

77 **正解: ウ**

ア　不適切

原則として，著作物を創作した者が著作者として著作者人格権を有しますが（著2条1項2号，17条1項），職務著作に該当する著作物の著作者は，著作物を創作した従業員等を雇用している法人等となります（著15条）。したがって，職務著作に該当する著作物については，法人が著作者人格権を有し，実際に著作物を創作した従業員等は著作者人格権を有しません。

イ　不適切

映画の著作物の著作者は，映画の著作物の全体的形成に創作的に寄与した者をいいます（著16条）。

ウ　適切

共同著作物とは，二人以上の者が共同して創作した著作物であって，その各人の寄与を分離して個別的に利用することができないものをいいます（著2条1項12号）。

学科問題

78　　**(46回　学科　問23)**

ア～ウを比較して，職務著作に係る著作物（プログラムの著作物を除く）の著作者が法人等になる場合の要件として，最も**不適切**と考えられるものはどれか。

ア　法人等が従業者に対価を支払うこと
イ　法人等の発意に基づき，その法人等の業務に従事する者が職務上作成すること
ウ　法人等が自社の名義の下に公表すること

解答解説

78

正解: ア

職務著作の成立要件は，①法人等の発意に基づくこと，②その法人等の業務に従事する者が職務上作成する著作物であること，③その法人等が自己の著作の名義の下に公表すること（プログラムの著作物を除く），④その作成の時における契約，勤務規則その他に別段の定めがないことです（著15条）。

ア　不適切

法人等が従業者に対価を支払うことは，職務著作に係る著作物の著作者が法人等になる場合の要件ではありません。

イ　適切

法人等の発意に基づき，その法人等の業務に従事する者が職務上作成することは，上述の要件①及び②に該当します。

ウ　適切

法人等が自社の名義の下に公表することは，上述の要件③に該当します。

実技問題

79 ～ 84　　　　**（38回　実技　問7～問12）**

ゲームソフト会社であるX社は，今年の夏にゲームソフトAの発売を予定している。X社の開発部の技術者**甲**は，ゲームソフトAの開発に従事している。X社の法務部の部員**乙**は，ゲームソフトAについて発言1～3をしている。なお，著作権の譲渡は行われていないものとする。

発言1　「先日，インターネットで，ゲームソフトAを含めた幾つかのゲームソフトを紹介した記事を見つけました。この記事は，Y社が作成した記事ですが，わが社の製品に関する記事なので，社内で周知するため，Y社に許諾を得ることなく，わが社の社内ネットワーク上の掲示板に掲載することができます。」

発言2　「**甲**は絵を描くことをフリーランスの副業としており，昼休み時間に職場で絵を描きました。この絵は，**甲**が会社で描いた絵なので，わが社は，**甲**に許諾を得ることなく，ゲームソフトAを販売する際のパッケージに使用することができます。」

発言3　「**甲**は，開発部のリーダーとして中心的な役割を果たし，ゲームソフトAを開発しました。一方で，ゲームソフトAの開発時における契約や勤務規則においては，著作者の取扱に関する定めはありません。わが社は，このゲームソフトAを，**甲**に許諾を得ることなくバージョンアップすることができます。」

以上を前提として，**問79～問84**に答えなさい。

解答解説

79 発言１について，適切と考えられる場合は「○」を，不適切と考えられる場合は「×」と答えなさい。

80 問79において，適切又は不適切であると判断した理由として，最も適切と考えられるものを【理由群Ⅳ】の中から１つだけ選びなさい。

81 発言２について，適切と考えられる場合は「○」を，不適切と考えられる場合は「×」と答えなさい。

82 問81において，適切又は不適切であると判断した理由として，最も適切と考えられるものを【理由群Ⅳ】の中から１つだけ選びなさい。

83 発言３について，適切と考えられる場合は「○」を，不適切と考えられる場合は「×」と答えなさい。

84 問83において，適切又は不適切であると判断した理由として，最も適切と考えられるものを【理由群Ⅳ】の中から１つだけ選びなさい。

【理由群Ⅳ】

ア　甲とＸ社が著作者であるため
イ　甲とＸ社は著作者ではないため
ウ　Ｘ社が著作者であるため
エ　甲が著作者であるため

解答解説

79　**正解: ×（不適切）**

80　**正解: イ**

記事は，言語の著作物に該当し（著2条1項1号，10条1項1号），その記事はY社が作成した記事なので，Y社が著作者として著作権を有します（著17条1項）。記事の内容がX社の製品に関するものでも，その内容を創作的に表現したのはY社であるため，Y社が著作者として著作権を有します。したがって，この記事をX社の社内ネットワーク上の掲示板に掲載するためには，Y社の許諾が必要です。

81　**正解: ×（不適切）**

82　**正解: エ**

絵は，絵画の著作物に該当し（著2条1項1号，10条1項4号），その画家は原則として著作者として著作権を有します（著2条1項2号，17条1項）。甲が描いた絵は，昼休み時間に職場で描いた絵であり，職務上作成したものではないため，職務著作には該当せず，甲は著作者として著作権を有します。その絵を甲に無断でパッケージに使用すると複製権の侵害となります（著21条）。よって，その絵をパッケージに使用する場合には，甲の許諾が必要です。

83 **正解: ○(適切)**

84 **正解: ウ**

ゲームソフトAが職務著作に該当する場合，その著作者は法人等になり，その法人が著作権及び著作者人格権を有します(著15条，17条1項)。プログラムの著作物についての職務著作の成立要件は，①法人等の発意に基づくこと，②その法人等の業務に従事する者が職務上作成する著作物であること，③その作成の時における契約，勤務規則その他に別段の定めがないこと，です（著15条2項)。ゲームソフトAの開発は，X社の発意に基づくものであり(①を満たす)，甲は，X社の開発部の部員であって，職務上ゲームソフトAの開発しており（②を満たす)，契約や勤務規則において，著作者の取扱に関する定めはないので(③を満たす)，ゲームソフトAは職務著作に該当し，その著作者はX社になり，X社が著作権及び著作者人格権を有します。したがって，甲に許諾を得ることなくゲームソフトAをバージョンアップできます。

著作権法

21.著作者人格権

重要Point

- 著作者の権利は，**著作者人格権**と**著作(財産)権**の大きく２つに分けられる
- **著作者人格権**とは，著作者の人格的・精神的利益を保護するための権利である
- **公表権**とは，著作者が，未公表の著作物を**公表**するかしないか，公表する場合は時期や方法を決定できる権利をいう
- **氏名表示権**とは，著作者が，著作物に著作者名を表示するかしないか，表示する場合は**実名**か**変名**かを決めることができる権利をいう
- **同一性保持権**とは，**著作物**とその**題号**(**タイトル**)について，著作者の**意に反する切除**や**改変**などを加えることを禁止できる権利をいう

学科問題

85　　**(39回　学科　問30)**

ア〜ウを比較して，著作者人格権に関して，最も**不適切**と考えられるものはどれか。

ア　著作者は，自ら公表した著作物についても，公表権を有する。
イ　著作者の名誉や声望を害する方法により著作物を利用すると，著作者人格権を侵害する行為とみなされる。
ウ　著作者人格権の享有には，いかなる方式の履行をも要しない。

解答解説

85 **正解: ア**

ア　不適切

公表権は，未公表の著作物について，公表の時期や方法等を権利者がコントロールする権利です。したがって，著作者は，すでに自らが公表した著作物については，公表権を有しません(著18条1項)。

イ　適切

著作者の名誉又は声望を害する方法によりその著作物を利用する行為は，その著作者人格権を侵害する行為とみなされます(著113条11項)。

ウ　適切

著作権法では，いわゆる無方式主義を採用しており，著作者人格権及び著作権の享有には，いかなる方式の履行をも要しません(著17条2項)。

実技問題

86 **（46回　実技　問15）**

ア〜ウを比較して，著作権法上，**甲**の同意又は許諾を得る必要がない**乙**の行為として，最も適切と考えられるものを１つだけ選びなさい。

ア　**甲**が書いた小説の題号を**乙**が変更する行為
イ　**甲**が描いた絵画を購入した**乙**が，当該絵画を公に展示する行為
ウ　**甲**が描いた漫画の著作者の氏名として，**乙**が**甲**の実名を表示して出版する行為

解答解説

86

正解: イ

ア　不適切

甲に無断で，甲が書いた小説の題号を変更する行為は，著作者の意に反して改変する行為に該当するため，同一性保持権の侵害に該当します（著20条1項）。したがって，甲の許諾を得る必要があります。

イ　適切

美術の著作物の原作品の所有者は，その著作物の著作権者の承諾を得なくとも，その著作物を原作品により公に展示することができます（著45条1項）。乙は，甲が描いた絵画を購入しているため，その絵画の所有者であり，甲の許諾を得なくても，その絵画を公に展示することができます。

ウ　不適切

著作者は，著作物に，氏名を表示するかしないか，表示する場合に実名にするか変名にするかを決めることができる氏名表示権を有します（著19条1項）。したがって，甲が描いた漫画の著作者の氏名として，乙が甲の実名を表示して出版する場合には，甲の許諾を得る必要があります。

著作権法

22.著作(財産)権

重要Point

・著作(財産)権の一覧

複製権	無断で著作物を複製(コピー)されない権利
上演権および演奏権	無断で著作物を公に上演,または演奏されない権利
上映権	無断で著作物を公に上映されない権利
公衆送信権	無断で著作物を公衆送信(または送信可能化)されない権利
口述権	無断で言語の著作物を公に口述されない権利
展示権	無断で美術の著作物,または未発行の写真の著作物を,これらの原作品により公に展示されない権利
頒布権	無断で映画の著作物をその複製物により, 頒布されない権利
譲渡権	無断で著作物をその原作品または複製物の譲渡により,公衆に提供されない権利
貸与権	無断で著作物をその複製物の貸与により,公衆に提供されない権利
翻訳権・翻案権等	無断で著作物を翻訳,編曲,翻案等されない権利
二次的著作物の利用に関する原著作者の権利	二次的著作物の原著作物の著作者は,二次的著作物の著作者が有するものと同一の種類の権利が認められる

学科問題

87 (40回　学科　問19)

ア～ウを比較して, 著作権の存続期間に関して, 最も**不適切**と考えられるものはどれか。

ア 職務著作に係る著作物の著作権の存続期間は, その公表された日の属する年の翌年1月1日から起算する。

イ 著作者がわからない彫刻の著作物の著作権の存続期間は, 著作権の登録をした日の属する年の翌年1月1日から起算する。

ウ 映画の著作物の著作権の存続期間は, その公表された日の属する年の翌年1月1日から起算する。

解答解説

87

正解: イ

ア　適切

公表された職務著作に係る著作物の著作権の存続期間は，その著作物が公表された日の属する年の翌年1月1日から起算して70年を経過したときに満了します（著53条1項,57条）。

イ　不適切

著作者がわからない彫刻の著作物の著作権の存続期間は，その著作物が公表された日の属する年の翌年1月1日から起算して70年を経過したときに満了します（著52条1項，57条）。

ウ　適切

映画の著作物の著作権の存続期間は，その著作物が公表された日の属する年の翌年1月1日から起算して70年を経過したときに満了します（著54条1項，57条）。

学科問題

88 (41回　学科　問22)

ア～ウを比較して，著作権に関して，最も適切と考えられるものはどれか。

ア　著作権者は，著作物の複製物を譲渡により公衆に提供する権利を専有する。
イ　頒布権を有する者は，音楽の著作物についてのみ，その複製物により頒布する権利を専有する。
ウ　著作権を譲渡するときは，当該著作物の原作品を譲渡しなければ，著作権の譲渡の効果は発生しない。

89 (44回　学科　問10)

ア～ウを比較して，著作権の存続期間に関する次の文章の空欄 [1] ～ [2] に入る語句の組合せとして，最も適切と考えられるものはどれか。

共同著作物の著作権は，[1] 死亡した著作者の死後，[2] を経過するまで存続する。

ア　[1] ＝最終に　[2] ＝50年
イ　[1] ＝最初に　[2] ＝70年
ウ　[1] ＝最終に　[2] ＝70年

解答解説

88

正解: ア

ア　適切

著作権者は，著作物の複製物を譲渡により公衆に提供する権利を有します（著26条の２第１項）。

イ　不適切

頒布権とは，音楽の著作物ではなく，映画の著作物をその複製物により頒布することができる権利です（著26条１項）。

ウ　不適切

著作権の譲渡は，契約当事者の意思表示，すなわち，譲渡人と譲受人との間での合意により譲渡の効果が発生するため，当該著作物の原作品の譲渡は必要ありません。

89

正解: ウ

著作権は，著作者の死後（共同著作物にあっては，最終に死亡した著作者の死後）70年を経過するまでの間，存続すると規定されています（著51条２項）。以上より，「共同著作物の著作権は，〔最終に〕死亡した著作者の死後，〔70年〕を経過するまで存続する。」となります。

実技問題

90 (41回　実技　問14)

版画家**甲**は，自らのふるさとの風景を描いた版画Aを作成し，「わが古里の夕暮れ」というタイトルをつけた。版画Aを見たホテルの経営者**乙**は，これを大変気に入ったため，**甲**から版画Aを購入した。**ア～ウ**を比較して，問題が発生する可能性が低いものとして，最も適切と考えられるものはどれか。

ア　**乙**が版画Aを複製し，**乙**の経営するホテルのオリジナル絵はがきとして，ホテル内の土産物コーナーで販売すること
イ　**甲**から購入した価格よりも高い価格で，**乙**が客に版画Aを売ること
ウ　印象的な作品名にするため，**乙**がタイトルを「ホテル付近の夜明け」に変えてそのタイトルとともに店で展示すること

91 (43回　実技　問19)

ア～ウを比較して，著作権に関する発言として，最も適切と考えられるものを1つだけ選びなさい。

ア　「譲渡権は，映画の著作物にのみ認められる権利です。」
イ　「上映権は，映画の著作物にのみ認められる権利です。」
ウ　「頒布権は，映画の著作物にのみ認められる権利です。」

解答解説

90

正解: イ

ア　不適切

乙が版画Aを複製して販売する行為は，複製権の侵害になり（著21条），著作権法上問題となる可能性が高いと考えられます。

イ　適切

甲が版画Aを購入することにより，その版画Aの譲渡権は消尽します（著26条の2第2項1号）。そのため，甲から購入した価格よりも高い価格で，乙が客に版画Aを売ることは，著作権の侵害にはなりません。

ウ　不適切

著作者の意に反して作品のタイトルを改変することは，同一性保持権の侵害となり（著20条1項），著作権法上問題となる可能性が高いと考えられます。

91

正解: ウ

ア　不適切

著作権の一つである譲渡権は，映画の著作物以外の著作物に認められる権利です（著26条の2第1項）。映画の著作物には，譲渡権が認められず，その代わりに頒布権が認められます（著26条1項）。

イ　不適切

著作権の一つである上映権は，絵画や写真などの映画の著作物以外の著作物にも認められる権利です（著22条の2）。

ウ　適切

著作権の一つである頒布権は，映画の著作物にのみ認められる権利です（著26条1項）。

実技問題

92　　**(44回　実技　問17)**

甲と**乙**とは，2003年5月1日から公民館の外壁に共同で壁画の創作を開始し，2004年8月1日に壁画の完成と同時に実名で公表した。その後，**甲**は2020年12月31日に死亡し，**乙**は2022年1月1日に死亡した。**ア～ウ**を比較して，この壁画の著作権の存続期間が満了する時期として，最も適切と考えられるものを１つだけ選びなさい。

ア　2073年12月31日
イ　2090年12月31日
ウ　2092年12月31日

解答解説

92

正解: ウ

著作権の存続期間は，著作物の創作の時に始まり（著 51 条１項），著作者の死後（共同著作物にあっては，最終に死亡した著作者の死後）70 年を経過するまでの間，存続します（著 51 条２項）。壁画は，甲と乙とが共同で創作したものであるから，二人以上の者が共同して創作した著作物であって，その各人の寄与を分離して個別的に利用することができないものに該当し，共同著作物に該当します（著２条１項 12 号）。共同著作物の場合は，最終に死亡した著作者である乙の死亡日である 2022 年１月１日が基準となります。また，存続期間の終期は，著作者が死亡した日の属する年の翌年から起算するため（著 57 条），乙が死亡した 2022 年１月１日の翌年である 2023 年１月１日から 70 年である 2092 年 12 月 31 日が存続期間の終期となります。

23.著作権の制限

重要Point

・**私的使用**の目的で**複製**する行為には，著作(財産)権の効力が及ばない
・私的使用の目的であっても，**コピーコントロール**された音楽CDのコピーガードを外して複製することはできない
・**引用**は，**公正な慣行**に合致し，引用の目的上**正当な範囲内**で行われるものでなければならない
・引用する際には，引用箇所が明瞭に区別でき，引用する側が主，引用される側が従である必要がある

学科問題

93　　**(42回　学科　問2)**

ア～ウを比較して，著作権法上の引用と認められるための要件として，最も**不適切**と考えられるものはどれか。

ア　営利を目的としないこと
イ　引用される著作物が，公表された著作物であること
ウ　公正な慣行に合致し，引用の目的上正当な範囲内で行われるものであること

解答解説

93 **正解: ア**

著作物を引用するためには，公表された著作物であること，その引用が，公正な慣行に合致するものであること，報道，批評，研究その他の引用の目的上正当な範囲内で行なわれるものであること，という要件を満たす必要があります（著32条１項）。

ア　不適切

著作権法上の引用と認められる上で，営利を目的としないことは要件ではありません。

イ　適切

著作物が公表された著作物であることは，著作権法上の引用として認められるための要件の一つです。

ウ　適切

公正な慣行に合致し，引用の目的上正当な範囲内で行われるものであることは，著作権法上の引用として認められるための要件の一つです。

学科問題

94　　　　　　　　　　　　　　　　　　　　　　　　（44回　学科　問24）

ア～ウを比較して，著作権者の許諾を得なければ行うことができない行為として，最も適切と考えられるものはどれか。

ア　個人的又は家庭内で使用する目的で，小説の著作物を複製すること
イ　営利目的ではあるが，聴衆から料金を受けず，かつ実演家に対し報酬が支払われない場合に，公表された音楽の著作物を公に演奏すること
ウ　公表された著作物を，公正な慣行に合致し，かつ引用の目的上正当な範囲内で引用すること

解答解説

94 **正解: イ**

ア　不適切

著作物を個人的に又は家庭内その他これに準ずる限られた範囲内において使用することを目的とするときは，所定の場合を除き，著作権者の許諾を得なくとも，その著作物を複製することができます（著30条）。したがって，個人的又は家庭内で使用する目的で，小説の著作物を複製する場合に，その著作権者の許諾は不要です。

イ　適切

著作物を公に演奏する場合，原則として著作権者の許諾を得る必要がありますが（著22条），①公表された著作物は，②営利を目的とせず，かつ，③聴衆等から料金を受けず，④実演家に対する報酬が支払われない場合には，著作権者の許諾を得なくても，公に演奏等することができます（著38条1項）。したがって，営利目的の場合は，著作者の許諾を得なければ，公に演奏することができません。

ウ　不適切

公表された著作物は，公正な慣行に合致するものであり，かつ，報道，批評，研究その他の引用の目的上正当な範囲内で行なわれる場合には，著作権者の許諾を得なくても，引用して利用することができます(著32条1項)。

学科問題

95 **（46回　学科　問7）**

ア～ウを比較して，著作権の制限に関して，最も適切と考えられるものはどれか。

ア　著作権者の許諾を得ることなくインターネット上で配信されている，いわゆる海賊版であっても，私的使用を目的とする場合であれば，海賊版であると知りながらダウンロードして録音又は録画をすることができる。

イ　写真の撮影の際に他人の著作物が写り込んでしまったとしても，その他人の許諾を得ることなく当該著作物を利用することができる場合がある。

ウ　美術の著作物の原作品の所有者は，著作権者の許諾を得ることなく，その著作物の原作品を公に展示することができない。

解答解説

95

正解: イ

ア　不適切

著作権者の許諾を得ることなく，著作物を録音又は録画をすることは，原則として，複製権の侵害に該当します(著２条１項15号，21条)が，私的使用の目的で使用する場合には著作権者の許諾を得ることなく複製することができます（著30条１項)。しかし，著作権者の許諾を得ることなくインターネット上で配信されている，いわゆる海賊版に関しては，私的使用を目的とする場合であっても，海賊版であることを知りながらダウンロードして録音又は録画をすることはできません(著30条１項３号)。

イ　適切

他人の著作物を，その他人の許諾を得ることなく複製することは，原則として，複製権の侵害となります（著21条)。しかし，当該他人の著作物が，写真の撮影等の方法によって著作物を創作するにあたって，当該著作物(写真等著作物)に係る撮影等の対象とする事物等から分離することが困難であるため付随して対象となる事物等に係る他の著作物(付随対象著作物)に該当する場合には，その撮影による複製行為及びその他人の著作物が写り込んだ写真の利用について，その他人の許諾を得ることなく複製することができます(著30条の２第１項)。

ウ　不適切

著作権者の許諾を得ることなく，その著作物の原作品を公に展示すると，原則として，展示権の侵害となります（著25条)。しかし，美術の著作物の原作品の所有者は，一定の場合を除いて，著作権者の許諾を得ることなく，その著作物の原作品を公に展示することができます(著45条)。

実技問題

96 **(44回　実技　問24)**

ア～ウを比較して，著作権者の許諾を得るべき行為として，最も適切と考えられるものを1つだけ選びなさい。

ア 家族に配るため，自分が絵画コンクールで受賞したことが紹介されている新聞記事をコピーする行為

イ 2000年代にヒットした他人のバンドの曲を，路上ライブで演奏するために，自宅で練習する行為

ウ **甲**がスマートフォンで撮影し編集した動画を，**乙**が自分のスマートフォンの電話帳に登録されている100人の友人や知り合いへのメールに添付して送る行為

解答解説

96

正解: ウ

ア　不適切

家族に配るために新聞記事をコピーする行為は，私的使用を目的とする行為であるため（著30条），著作権者の許諾が不要です。

イ　不適切

著作物は，演奏権によって保護されるため，その著作物を，公衆に聞かせることを目的として演奏する場合には，著作権者の許諾が必要になりますが（著22条），路上ライブで演奏するために自宅で練習する行為自体は，公衆に聞かせることを目的とした演奏ではないため，著作権者の許諾が不要です。

ウ　適切

著作物は，公衆送信権によって保護されるため，その著作物を，公衆送信する場合には，著作権者の許諾が必要となります(著23条)。ここで，公衆送信とは，公衆によって直接受信されることを目的として無線通信又は有線電気通信の送信を行うことを意味し（著２条１項７号の２），また，公衆には，特定且つ多数の者を含みます（著２条５項）。本問のように，甲が撮影し編集した動画を，乙が100人の友人や知り合いへのメールに添付して送る行為は，公衆送信に該当するため，著作権者である甲の許諾が必要になります。

著作権法

24.著作隣接権

重要Point

- 実演とは，著作物を演劇的に演じ，舞い，演奏し，歌うなどの方法により演ずることであり，実演を行う俳優や歌手，演出家等を実演家という
- **実演家**には著作隣接権者のうち唯一，**実演家人格権**が与えられている
- **レコード製作者**とは，レコードに収録されている音を最初に固定した者である
- レコード製作者の著作隣接権の存続期間は，そのレコードの**発行**が行われた日の属する年の翌年から起算して**70年**を経過した時に満了する
- **放送事業者**や有線放送事業者は，放送する行為に対して，著作隣接権が与えられている

学科問題

97　（44回　学科　問30）

ア～ウを比較して，著作隣接権に関して，最も**不適切**と考えられるものはどれか。

ア　レコードに固定した音が著作物でない場合であっても，著作隣接権が発生する。
イ　私的使用目的で複製を行った場合には，著作権と同様に著作隣接権も制限される。
ウ　著作者が，その著作物を演じても著作隣接権を有することはない。

98　（42回　学科　問22）

ア～ウを比較して，レコード製作者の権利として，最も**不適切**と考えられるものはどれか。

ア　複製権
イ　送信可能化権
ウ　同一性保持権

解答解説

97

正解：ウ

ア　適切

固定した音が著作物でない場合であっても，著作隣接権が発生することがあります。例えば，小鳥の鳴き声を収録したCDの場合，その収録されている音は著作物ではありませんが，CDに固定されている音を最初に固定した者はレコード製作者として著作隣接権を有します(著2条1項6号，89条2項)。

イ　適切

私的使用目的の場合には，著作権と同様に著作隣接権も制限されます（著102条1項)。

ウ　不適切

著作者が，その著作物について著作隣接権を有することはあります。例えば，自身で作曲した曲を自身で演奏する場合には，その者は著作者（著2条1項2号，17条1項）であると共に，演奏という実演を行う実演家なので著作隣接権を有します(著2条1項3号，4号，89条1項)。

98

正解：ウ

ア　適切

レコード製作者は，複製権を有します(著96条)。

イ　適切

レコード製作者は，送信可能化権を有します(著96条の2)。

ウ　不適切

レコード製作者は，同一性保持権を有しません(著89条2項)。

実技問題

99～**104**　　　　　　　　　　　　　　　　（46回　実技　問7～問12）

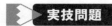

大学生**甲**は，自分で録音又は録画したファイルＡ～ファイルＣの利用について，大学の著作権法の教授に確認をしようと，発言１～３をしている。

発言１　「先日あるレストランで食事をしていたところ，ピアニスト**乙**が来ていました。**乙**が生演奏をしてくれたので，その場で**乙**の生演奏を録音し，音声ファイルＡを作成しました。**乙**が生演奏した楽曲は，18世紀を代表する作曲家であるバッハによるものです。音声ファイルＡを，**乙**に無断で私のブログに掲載しても問題ありませんよね。」

発言２　「先日百貨店に出かけたところ，冒険家**丙**のトークショーがありました。**丙**はトークショーの中で，**丙**が南極を探検した時に**丙**が録音したペンギンの鳴き声を再生して聞かせてくれたので，その場でそのペンギンの鳴き声の再生を録音し，音声ファイルＢを作成しました。音声ファイルＢを，**丙**に無断で私のブログに掲載しても問題ありませんよね。」

発言３　「先日テレビ放送局Ｘ社が放送するテレビ番組を視聴していたところ，Ｘ社のアナウンサーが家電製品を紹介するコーナーがありました。後で自分で視聴し直そうと思い，手元のスマートフォンでそのコーナーを録画し，動画ファイルＣを作成しました。生活の役に立つ内容だったので多くの人に視聴してもらおうと，動画ファイルＣを，Ｘ社に無断で私のブログに掲載しても問題ありませんよね。」

以上を前提として，**問 99 ～問 104** に答えなさい。

99 発言１について，適切と考えられる場合は「○」を，不適切と考えられる場合は「×」と答えなさい。

100 【理由群Ⅳ】の中から，問99において適切又は不適切と判断した理由として，最も適切と考えられるものを１つだけ選びなさい。

【理由群Ⅳ】
ア 乙には何らの権利も生じないため
イ 乙の著作隣接権を侵害するため
ウ 乙の著作権を侵害するため

101 発言２について，適切と考えられる場合は「○」を，不適切と考えられる場合は「×」と答えなさい。

102 【理由群Ⅴ】の中から，問101において適切又は不適切と判断した理由として，最も適切と考えられるものを１つだけ選びなさい。

【理由群Ⅴ】
ア 丙の著作隣接権を侵害するため
イ 丙には何らの権利も生じないため
ウ 丙の著作隣接権は生じているが，その権利が制限されるため

103 発言３について，適切と考えられる場合は「○」を，不適切と考えられる場合は「×」と答えなさい。

104 【理由群Ⅵ】の中から，問103において適切又は不適切と判断した理由として，最も適切と考えられるものを１つだけ選びなさい。

【理由群Ⅵ】
ア Ｘ社の著作隣接権を侵害するため
イ Ｘ社には何らの権利も生じないため
ウ Ｘ社の著作隣接権は生じているが，その権利が制限されるため

解答解説

99　　**正解: ×(不適切)**

100　　**正解: イ**

楽曲を演奏したピアニスト乙は，著作権法上の実演家に該当し（著２条１項４号），著作隣接権としての録音権や送信可能化権を有します(著91条，92条の２)。したがって，乙に無断で乙の演奏(実演)を録音したり，録音して作成された音声ファイルを乙に無断でブログに掲載することは，乙の著作隣接権を侵害する行為に該当するため，不適切です。

101　　**正解: ×(不適切)**

102　　**正解: ア**

トークショーの中で再生されたペンギンの鳴き声を録音した丙は，著作権法上のレコード製作者に該当し(著２条１項６号)，著作隣接権としての複製権や送信可能化権を有します(著96条，96条の２)。したがって，再生されるペンギンの鳴き声を丙に無断で録音したり，録音して作成された音声ファイルを丙に無断でブログに掲載することは，丙の著作隣接権を侵害する行為に該当するため，不適切です。

103 **正解: ×(不適切)**

104 **正解: ア**

テレビ番組を放送したテレビ放送局X社は，著作権法上の放送事業者に該当し（著2条1項9号），著作隣接権としての複製権や送信可能化権を有します（著98条，99条の2）。したがって，X社が放送したテレビ番組をX社に無断で録画したり，録画して作成された動画ファイルをX社に無断でブログに掲載することは，X社の著作隣接権を侵害する行為に該当するため，不適切です。

25.著作権の侵害と救済

重要Point

・他人の著作物に**依拠**して(真似て), 実質的に同一・類似の範囲にある著作物を無断利用すれば, **著作権侵害**となる
・著作権の登録制度

実名の登録	無名または変名で公表した著作物について, 実名の登録ができる
第一発行年月日等の登録	その日に最初の発行(公表)があったものとの 推定を受けられる
創作年月日の登録	プログラムの著作物について, 創作年月日の登録ができる
著作(財産)権の登録	著作(財産)権の移転は, 登録しておくと第三者に対抗できる

学科問題

105 (46回　学科　問5)

ア～ウを比較して, 著作権法における登録制度に関して, 最も適切と考えられるものはどれか。

ア　著作権の登録は, 権利の発生要件である。
イ　美術の著作物について, 創作年月日の登録を受けることができる。
ウ　著作権の移転は, 登録しなければ第三者に対抗することができない。

解答解説

105

正解: ウ

ア　不適切

著作権法では，著作権の享有にいかなる方式も要しないという無方式主義を採用しているため（著17条2項），著作権の発生要件として登録は必要ではなく，創作と同時に権利が発生します(著51条1項)。

著作権の登録は，著作権の移転等がされたことを第三者に対して主張するための第三者対抗要件です(著77条)。

イ　不適切

創作年月日の登録を受けることができるのは，プログラムの著作物であり（著76条の2），美術の著作物について，創作年月日の登録を受けることはできません。

ウ　適切

著作権の移転は，登録しなければ第三者に対抗することができません（著77条1号）。

学科問題

106 **（41回　学科　問18）**

ア～ウを比較して，著作権等が侵害された場合に著作権者等がとり得る措置として，最も**不適切**と考えられるものはどれか。

ア　名誉回復の措置の請求
イ　著作権登録の無効請求
ウ　差止請求

107 **（39回　学科　問27）**

ア～ウを比較して，著作権等の侵害に関して，最も**不適切**と考えられるものはどれか。

ア　著作者は，著作者人格権侵害の停止又は予防の請求をする際に，侵害の行為を組成した物，侵害の行為によって作成された物又はもっぱら侵害の行為に供された機械や器具の廃棄その他の侵害の停止又は予防に必要な措置を請求することができる。
イ　従業者が法人等の業務に関し著作権の侵害をした場合，従業者のみならず法人も罰金刑が科される場合がある。
ウ　出版権者は，出版権を侵害するおそれがある者に対して，侵害の停止又は予防に必要な措置を請求することはできない。

解答解説

106

正解: イ

著作権が侵害された場合に権利者がとることのできる対応としては，差止請求（著112条1項），損害賠償請求（民709条），不当利得返還請求（民703条，704条），名誉回復の措置の請求（著115条）があります。しかし，著作権登録の無効請求は，著作権が侵害された場合に権利者がとることのできる対応には含まれません。

107

正解: ウ

ア　適切

著作者は，著作者人格権侵害の停止又は予防の請求をする際に，侵害の行為を組成した物，侵害の行為によって作成された物又はもっぱら侵害の行為に供された機械や器具の廃棄その他の侵害の停止又は予防に必要な措置を請求することができます（著112条2項）。

イ　適切

法人の従業者が，その法人の業務に関し著作権を侵害した場合，侵害行為を行った従業者を罰するほか，その法人に対して罰金刑が科されることがあります（著124条1項）。

ウ　不適切

出版権者は，出版権を侵害する者だけでなく，出版権を侵害するおそれがある者に対しても，侵害の停止又は予防に必要な措置を請求することができます（著112条1項）。

その他の
知的財産に
関する法律

26.不正競争防止法

重要Point

・不正競争行為の類型

周知表示混同惹起行為	他人の周知な商品等表示を使用するなどして， 他人の商品等と混同を生じさせる行為
著名表示冒用行為	他人の著名な商品等表示を使用するなどの行為
商品形態模倣行為	他人の商品の形態を模倣した商品を販売等する行為
営業秘密不正取得等行為	不正な手段により営業秘密を取得等する行為
原産地等誤認惹起行為	商品等の品質を誤認させるような表示をする等の行為
競争者営業誹謗行為	競争関係にある他人の信用を失わせるような行為

学科問題

108 (40回　学科　問14)

ア～ウを比較して，不正競争防止法に規定される不正競争行為のうち，他人の商品等と混同を生じさせることを要件とする行為として，最も適切と考えられるものはどれか。

ア　他人の商品の形態を模倣した商品を譲渡する行為
イ　他人の周知な商品等表示を使用する行為
ウ　競争関係にある他人の営業上の信用を害する虚偽の事実を流布する行為

解答解説

108　　**正解：イ**

ア　不適切

他人の商品の形態を模倣した商品を譲渡する行為は，他人の商品等と混同を生じさせるかどうかにかかわらず，不正競争行為に該当します（不競２条１項３号）。

イ　適切

他人の周知な商品等表示を使用する行為は，他人の商品等と混同を生じさせることを要件として，不正競争行為に該当します（不競２条１項１号）。

ウ　不適切

競争関係にある他人の営業上の信用を害する虚偽の事実を流布する行為は，他人の商品等と混同を生じさせるかどうかにかかわらず，不正競争行為に該当します（不競２条１項21号）。

学科問題

109　　　　**(42回　学科　問8)**

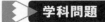

ア～ウを比較して，不正競争防止法に関して，最も適切と考えられるものはどれか。

ア　不正競争防止法において，商品の形態が同法第２条第１項第１号(周知表示混同惹起行為)における「商品等表示」に該当することはない。

イ　他人の商品の形態と同一であっても，その形態が，その商品の機能を確保するために不可欠なものであれば，不正競争防止法第２条第１項第３号（商品形態模倣行為)にいう「商品の形態」には該当しない。

ウ　不正競争防止法は，意匠権の効力の範囲外の商品の実施行為には適用されない。

解答解説

109

正解：イ

ア　不適切

不正競争防止法では，他人の商品の形態を模倣した商品を譲渡等する行為を不正競争行為として規制しています（不競２条１項３号）。また，その商品の形態が商品又は営業を表示する機能を有するものであれば，不正競争防止法第２条第１項第１号に規定する「商品等表示」に該当することになります。したがって，商品形態模倣行為が成立したとしても，その商品形態が「商品等表示」に該当し，かつ，周知になったうえで他人に無断で使用された結果，出所混同が生じた場合には，不正競争防止法第２条第１項第１号の周知表示混同惹起行為として規制されることがあります。

イ　適切

不正競争防止法では，他人の商品の形態を模倣した商品を譲渡等する行為を不正競争行為として規制しています（不競２条１項３号）。ただし，その商品の機能を確保するために不可欠な形態については，規制対象とする「商品の形態」から除かれています（不競２条１項３号かっこ書）。

ウ　不適切

不正競争防止法では，他人の商品の形態を模倣した商品を譲渡等する行為を不正競争行為として規制しています（不競２条１項３号）。したがって，他人の商品の形態を模倣した商品を譲渡等する行為があれば，たとえ意匠権がなかったとしても，もしくは意匠権の効力の範囲外であったとしても，不正競争防止法が適用されることがあります。

学科問題

110 （37回　学科　問14）

ア～ウを比較して，不正競争防止法に規定される営業秘密に関して，最も適切と考えられるものはどれか。

ア　秘密として管理されていなくても，公然と知られていなければ営業秘密として保護される。

イ　製品開発における失敗の情報は，それが事業活動にとって有用な情報であっても，営業秘密として保護されることはない。

ウ　技術上の秘密情報であっても，営業秘密として保護される。

解答解説

110 **正解: ウ**

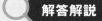

営業秘密とは，秘密として管理されている生産方法，販売方法その他の事業活動に有用な技術上又は営業上の情報であって，公然と知られていないものをいいます(不競2条6項)。

ア　不適切

秘密として管理されていない場合には，公然と知られていないとしても営業秘密に該当せず(不競2条6項)，不正競争防止法では保護されません。

イ　不適切

有用性が認められる情報には，直接ビジネスに活用されている情報に限らず，失敗した製造方法などのいわゆるネガティブ・インフォメーションも含まれます(経済産業省HP：営業秘密管理指針　3.有用性の考え方)。したがって，製品開発における失敗の情報も営業秘密となりえます。

ウ　適切

技術上の情報に関する秘密は，秘密として管理されていて公然と知られていなければ，営業秘密として保護され得ます。

27.民法

重要Point

- **申込み**と**承諾**の**意思表示**が合致していても，要件を満たさなければ有効な**契約**とは認められない
- 当事者の意思表示に**詐欺**または**強迫**があった場合には，その意思表示を**取り消す**ことができる
- 契約は，内容が確定でき，適法なもので，社会的に妥当と認められるものでなければならない
- 契約の相手方が，契約の内容を履行しないことを**債務不履行**という
- **強制履行**とは，裁判所に申立てることにより，債務不履行の相手方に，強制的に契約内容の履行を実現させることをいう

学科問題

111　　　　（42回　学科　問11）

ア～ウを比較して，契約内容が履行されない場合の措置として，最も**不適切**と考えられるものはどれか。

ア　自力救済
イ　契約の解除
ウ　強制履行

解答解説

111

正解: ア

ア　不適切

契約の相手方が契約内容を履行しない場合であっても，当事者が直接制裁を加えること，すなわち自力救済は認められていません。

イ　適切

契約の相手方が契約内容を履行しない場合の措置の一つとして，契約を解除することができます(民540条)。

ウ　適切

契約の相手方が契約内容を履行しない場合の措置の一つとして，裁判所に訴えを提起して相手方に契約内容を強制的に履行させること，すなわち強制履行をとることができます(民414条)。

実技問題

112　　　　**（42回　実技　問14）**

ベンチャー企業X社の代表取締役**甲**は，自社の特許権Pに係る発明について，2022年2月25日に技術発表会において発表したところ，その会場にいた部品メーカーY社の代表取締役**乙**から特許権Pについて，具体的なライセンス条件を提示した上で1千万円で実施許諾を受けたいとの申込を口頭で受けた。他の開発案件のための資金調達に困っていた**甲**は，その場で直ちに**乙**の申込に口頭で承諾した。その後，2022年3月10日に**乙**は**甲**から捺印前の実施許諾契約書を受け取った。そして，2022年3月25日に**甲**はY社を訪問し，その場で**甲**と**乙**が実施許諾契約書に捺印した。**ア～ウ**を比較して，**甲**の発言として，最も適切と考えられるものはどれか。

ア「特許権Pの実施許諾契約は2022年2月25日の時点で成立したと考えられます。」

イ「特許権Pの実施許諾契約は2022年3月10日の時点で成立したと考えられます。」

ウ「特許権Pの実施許諾契約は2022年3月25日の時点で成立したと考えられます。」

解答解説

112　　**正解: ア**

契約は，当事者間の意思の合意があった時点で成立し，意思同士が合致すれば口頭であってもその時点で契約が成立し，契約書の受理及び締結（契約書への捺印）は必ずしも必要となりません。本問の場合，2022年２月25日の技術発表会において，乙が特許権Ｐのライセンスを申し込み，甲が，その場で直ちに乙の申込に口頭で承諾しています。したがって，特許権Ｐの実施許諾契約は，2022年２月25日に成立したものと考えられます。

28.独占禁止法

重要Point

私的独占	他の事業者の活動を**排除**して**支配**し, 競争を実質的に制限する行為
不当な取引制限	**カルテル**や**入札談合**など,公正な競争を阻害する行為
不公正な取引方法	公正な競争を妨げるおそれがあるもののうち, **公正取引委員会が指定**する行為

・特許権者であっても，特許権の行使に該当しないことまでをライセンスされた側に要求すると，独占禁止法違反に該当することがある
・独占禁止法違反により，損害を与えた者は，故意・過失の有無を問わず，賠償の責任を免れることができない

学科問題

113 （42回　学科　問12）

ア～ウを比較して,独占禁止法に関して,最も**不適切**と考えられるものはどれか。

ア　カルテルとは，２以上の事業者が，価格や販売数量等を制限する合意や協定を結び，競争を実質的に制限することをいう。
イ　特許権のライセンス契約において，ライセンスの期間及び地域を限定した場合，独占禁止法上の禁止行為に該当する可能性は高い。
ウ　複数の特許権者が保有する特許権について，一括してライセンスする仕組みであるパテントプールは，一定の者に対しライセンス付与を拒否した場合に独占禁止法上の問題となるので注意する必要がある。

解答解説

113

正解: イ

ア　適切

事業者が，他の事業者と共同して価格を決定したり販売数量等を制限したりする合意や協定をし，相互にその事業活動を拘束し又は遂行して一定の取引分野における競争を実質的に制限することは，カルテルといい，不当な取引制限に該当します(独２条６項)。

イ　不適切

特許権等のライセンス契約において，ライセンスの期間や地域を限定することは，権利の行使と認められる行為であるので，独占禁止法上の禁止行為に該当する可能性は低いと考えられます（独21条，公正取引委員会HP：知的財産の利用に関する独占禁止法上の指針　第４　３－(１)，(２))。

ウ　適切

パテントプールに参加する者に対して，パテントプールを通す以外の方法でライセンスすることを認めないなど，特許の自由な利用を制限することは，通常はパテントプールの円滑な運営に合理的に必要な制限とは認められず，製品市場及び技術市場における競争に及ぼす影響も大きいと考えられるため，独占禁止法上，問題となるおそれがあります（公正取引委員会HP：標準化に伴うパテントプールの形成等に関する独占禁止法上の考え方　第３　２－（１))。したがって，パテントプールについては，独占禁止法上の問題とならないように注意する必要があります。

学科問題

114 **(46回　学科　問15)**

ア～ウを比較して，独占禁止法に関して，最も**不適切**と考えられるものはどれか。

ア 事業者が，特定の方法により他の事業者の事業活動を排除し，又は支配することにより，公正な競争を阻害するおそれを生じさせることは，私的独占に該当する。

イ 事業者が競争者と共同して，正当な理由がないのに，ある事業者に対し供給を拒絶する行為は，不公正な取引方法に該当する。

ウ 事業者が，他の事業者と共同して対価を決定し，公共の利益に反して，一定の取引分野における競争を実質的に制限する行為は，不当な取引制限に該当する。

115 **(44回　学科　問20)**

ア～ウを比較して，特許権のライセンス契約において，独占禁止法上の問題が生ずる可能性が低い契約内容として，最も適切と考えられるものはどれか。

ア ライセンスに係る製品の販売価格をライセンサーが制限すること

イ ライセンシーが開発した改良技術を，ライセンサーのみが実施できる旨を定めること

ウ ライセンスに係る製品の販売地域と販売期間をライセンサーが制限すること

解答解説

114

正解: ア

ア　不適切

独占禁止法上の私的独占は，事業者が，いかなる方法をもってするかを問わず，他の事業者の事業活動を排除し，又は支配することにより，公共の利益に反して，一定の取引分野における競争を実質的に制限する行為であり，公正な競争を阻害するおそれを生じさせることではありません。（独２条５項）。

イ　適切

正当な理由なく，競争者と共同して，ある事業者に対して供給を拒絶したり，供給に係る商品等の数量や内容を制限することは，独占禁止法上の不公正な取引方法に該当します（独２条９項１号イ）。

ウ　適切

事業者が，他の事業者と共同して対価を決定し，公共の利益に反して，一定の取引分野における競争を実質的に制限する行為は，独占禁止法上の不当な取引制限に該当します（独２条６項）。

115

正解: ウ

ア　不適切

ライセンスに係る製品の販売価格をライセンサーが制限することは，原則として不公正な取引方法に該当するため，独占禁止法上，問題が生ずる可能性が高いと考えられます（公正取引委員会HP：知的財産の利用に関する独占禁止法上の指針　第４　４（３））。

イ　不適切

特許ライセンス契約において，ライセンサーがライセンシーに対して，ライセンシーが開発した改良技術を，ライセンサーが独占的に実施できるとする契約を定めることは，不公正な取引方法に該当するものと考えられます。

ウ　適切

ライセンスに係る製品の販売地域と販売期間をライセンサーが制限することは，技術を利用できる範囲や時期を限定する行為であるので，特許権の行使と認められるものであり（独21条），独占禁止法上，問題が生ずる可能性が低いと考えられます。

29.種苗法

重要Point

・品種登録要件

区別性	出願時に国内外で公知の品種から明確に区別できること
均一性	同一の繁殖段階に属する植物体のすべてが， 特性の全部において十分に類似すること
安定性	繰り返し繁殖させた後においても，特性の全部が変化しないこと
未譲渡性	出願日から国内で1年（外国では4年）さかのぼった日より前に 業として譲渡されていないこと
名称の適切性	品種の名称が既存の品種や登録商標と 紛らわしいものでないこと

・**登録品種**の利用とは，品種の種苗を生産，譲渡等したり，品種の種苗を用いて得られる**収穫物**を生産等する行為をいう

学科問題

116 （39回　学科　問28）

ア～ウを比較して，特許制度と品種登録制度に関して，最も適切と考えられるものはどれか。

ア　特許要件では進歩性が必要とされるが，品種登録の要件では進歩性は必要とされていない点で相違する。

イ　特許制度では特許出願を審査官が審査するが，品種登録制度では無審査で登録される点で相違する。

ウ　特許権及び育成者権の存続期間は，出願日から起算する点で共通する。

解答解説

116

正解: ア

ア　適切

特許法では，登録要件として進歩性（特29条２項）が必要です。一方，品種登録制度を規定する種苗法においては，進歩性は登録要件として規定されていません。なお，種苗法での登録要件は，区別性，均一性，安定性，未譲渡性及び名称の適切性となります（種３条１項，４条１項，２項）。

イ　不適切

特許制度では，審査官による審査を経なければ登録を受けることができません（特51条）。同様に，品種登録制度においても，出願品種の審査を経なければ品種登録を受けることができません（種18条）。

ウ　不適切

特許権の存続期間は，原則として出願日から20年で終了します（特67条１項）。一方，育成者権の存続期間は，出願日ではなく，品種登録日から25年（永年性植物は30年）となります（種19条２項）。

学科問題

117

（41回　学科　問13）

ア～ウを比較して，品種登録の要件に関して，最も適切と考えられるものはどれか。

ア　同一の繁殖の段階に属する植物体のすべてが特性の主要な部分において十分類似していることが必要である。

イ　品種登録出願された品種の種苗又は収穫物が，出願日から１年遡った日前に，外国において業として譲渡されていないことが必要である。

ウ　品種登録出願前に国内外で公然知られた他の品種と特性の全部又は一部によって明確に区別されることが必要である。

解答解説

117　　**正解: ウ**

ア　不適切

品種登録を受けるためには，同一の繁殖の段階に属する植物体のすべてが特性の「主要な部分」ではなく「全部」において十分類似していることが必要です（種３条１項２号）。

イ　不適切

品種登録を受けるためには，その品種の種苗又は収穫物が外国において出願日から「４年」さかのぼった日前に業として譲渡されていないことが必要です（種４条２項）。

ウ　適切

品種登録を受けるためには，品種登録出願前に国内外で公然知られた他の品種と特性の全部又は一部によって明確に区別されることが必要です（種３条１項１号）。

実技問題

118 （39回　実技　問23）

X社は，ミカンの新品種Aの育成に成功したことから，品種登録を受けることを検討している。**ア〜ウ**を比較して，X社の知的財産部の部員の発言として，最も適切と考えられるものはどれか。

ア「品種Aについて品種登録を受けるためには，出願前に国内及び外国で公知の他のミカンの品種と，明確に区別できることが必要です。」
イ「品種Aについて品種登録を受けるためには，同一の繁殖の段階にあるものの全部が特性の一部において同一であることが必要です。」
ウ「繁殖が繰り返されることによって品種の同一性が維持されない場合でも，同一世代で特性が均一であれば品種Aについて品種登録を受けることができます。」

119 （42回　実技　問23）

ア〜ウを比較して，種苗メーカーX社の知的財産部の部員の発言として，最も**不適切**と考えられるものはどれか。

ア「登録品種の育成方法についての特許権を有する者であっても，当該特許に係る方法によりX社の登録品種の種苗を生産することはできません。」
イ「試験目的の利用であれば，育成者権者の許諾がなくても登録品種を利用できます。」
ウ「育成者権の存続期間は，品種登録の日から始まり，存続期間の延長をすることはできません。」

解答解説

118

正解: ア

ア　適切

品種登録を受ける要件として，品種登録出願前に日本国内又は外国において公然知られた他の品種と特性の全部又は一部によって明確に区別されることが必要です（種３条１項１号）。したがって，新品種Ａについて品種登録を受けるためには，出願時に国内及び外国で公知の他のミカンの品種と，明確に区別できることが必要となります。

イ　不適切

品種登録を受ける要件として，同一の繁殖の段階に属する植物体のすべてが特性の全部において十分に類似していることが必要です（種３条１項２号）。したがって，特性の一部が同一であっても，品種登録を受けることができません。

ウ　不適切

品種登録を受ける要件として，繰り返し繁殖させた後においても特性の全部が変化しないことが必要です（種３条１項３号）。したがって，繁殖が繰り返されることによって品種の同一性が維持されない場合には，品種登録を受けることができません。

119

正解: ア

ア　不適切

登録品種の育成方法について特許権を有する者が，当該特許に係る方法により登録品種の種苗を生産する行為に対して，育成者権の効力は及びません（種21条１項２号）。したがって，登録品種の育成方法についての特許権を有する者であれば，当該特許に係る方法により登録品種の種苗を生産することができます。

イ　適切

試験又は研究の為にする登録品種の利用に対して，育成者権の効力は及びません（種21条１項１号）。したがって，試験目的の利用であれば，育成者権者の許諾がなくても登録品種を利用できます。

ウ　適切

育成者権の存続期間は，品種登録の日から起算して25年（永年性植物にあっては30年）で終了します（種19条２項）。また，種苗法において，育成者権の存続期間についての延長は認められていません。

その他の知的財産に関する法律

30.弁理士法

重要Point

・**弁理士**は，知的財産に関する専門家として，知的財産権の適正な保護および利用の促進その他の知的財産に係る制度の適正な運用に寄与し，もって経済および産業の発達に資することを使命としている
・弁理士以外の者は，他人の求めに応じて，以下の業務を行うことはできない

> ①特許等に関する特許庁における手続きの代理
> ②上記手続きに係る事項に関する鑑定
> ③政令で定める書類もしくは電磁的記録の作成

・弁理士は，特許権等の**侵害訴訟**では，**弁護士**と共にでなければ，訴訟代理人にはなれない
・弁理士以外の者であっても，業として，特許料等の**納付**や特許原簿等への**登録申請**の手続きを行うことができる

学科問題

120 （42回　学科　問3）

ア～ウを比較して，弁理士の業務に関して，最も**不適切**と考えられるものはどれか。

ア　弁理士は，単独で特許無効審決に対する審決取消訴訟の代理人になることができる。
イ　弁理士は，単独で特許侵害訴訟の代理人になることができる。
ウ　弁理士は，単独で国際出願に関する特許庁における手続の代理人になることができる。

解答解説

120　　**正解：イ**

ア　適切

弁理士は，審決取消訴訟の代理人になることができます（弁理士法６条）。

イ　不適切

弁理士は，単独で特許侵害訴訟の代理人になることができず，弁護士が同一の依頼者から受任している事件に限り，その訴訟代理人となることができます（弁理士法６条の２第１項）。

ウ　適切

弁理士は，国際出願に関する特許庁における手続の代理人になることができます（弁理士法４条１項）。

実力テスト
学科問題

問1　　**38回　学科　問10**

ア～ウを比較して，パリ条約に関して，最も適切と考えられるものはどれか。

ア　優先権の主張の基礎となる第一国の特許出願を取り下げた場合には，優先権の主張を伴う特許出願をした他の同盟国において特許出願が無効となる。
イ　同盟国の国民は，優先権の主張の基礎となる第一国の特許出願を，自国の特許庁ではなく，他の同盟国の特許庁へ出願することができる。
ウ　同盟国間に不平等が生じないよう，各同盟国の特許要件は同じである。

問2　　**41回　学科　問9**

ア～ウを比較して，著作物の権利譲渡契約に関して，最も適切と考えられるものはどれか。

ア　音楽の著作物の複製権を譲渡するときは，その著作物の上演権及び演奏権も一緒に譲渡しなければならない。
イ　適法に購入した言語の著作物の複製物を，第三者に譲渡する場合，著作権者から譲渡権を譲り受ける必要はない。
ウ　すべての著作権を譲り受ければ，著作者人格権も譲り受けることができる。

問3　　**45回　学科　問18**

ア～ウを比較して，不正競争防止法に規定される営業秘密に関して，最も適切と考えられるものはどれか。

ア　技術上の秘密情報であっても，営業秘密として保護される。
イ　利益額を低く見せるための二重帳簿であっても，営業秘密として保護される。
ウ　秘密として管理されていなくても，公然と知られていなければ営業秘密として保護される。

問4 **40回　学科　問12**

ア〜ウを比較して，商標登録出願の審査又は手続に関して，最も**不適切**と考えられるものはどれか。

ア 商標登録出願に係る内容は，商標登録されるまでに出願公開されることがある。
イ 商標登録出願については，出願審査の請求をしなくても実体審査が行われる。
ウ 文字のみから構成される商標について商標登録出願をしたときは，登録前であれば，当該出願に係る商標に図形を追加する補正をすることができる。

問5 **42回　学科　問24**

ア〜ウを比較して，特許出願の出願審査の請求の手続に関して，最も適切と考えられるものはどれか。

ア 特許出願人以外の第三者は出願審査の請求をすることができない。
イ 特許出願人が出願審査の請求を行った場合であっても，審査官が審査に着手する前であれば，特許出願人は出願審査の請求を取り下げることができる。
ウ 特許出願と同時に出願審査の請求をすることができる。

問6 **44回　学科　問4/改**

ア〜ウを比較して，意匠法に関して，最も適切と考えられるものはどれか。

ア 意匠登録出願は，経済産業省令で定める物品の区分により意匠ごとにしなければならない。
イ 意匠権の存続期間は，意匠権の設定登録の日から10年である。
ウ 独立して取引の対象とはならない物品の部分について，意匠登録出願をすることができる。

問7 **46回 学科 問10**

ア〜ウを比較して，最も適切と考えられるものはどれか。

ア 実演に関する著作隣接権の存続期間は，当該実演を行った時に始まる。
イ レコード製作者は，譲渡権を有しない。
ウ 放送事業者は，著作隣接権に含まれる放送事業者人格権を有する。

問8 **43回 学科 問23**

ア〜ウを比較して，特許権に係る通常実施権の許諾契約に関して，最も**不適切**と考えられるものはどれか。

ア 特許権が共有に係る場合，一の共有者が他人と通常実施権の許諾契約を締結するためには，他の共有者の同意が必要となる。
イ 通常実施権の許諾契約において，当該通常実施権者以外の者に対して通常実施権を許諾しない旨の特約を伴う契約をすることはできない。
ウ 特許権者は，重複する範囲について複数人に対して通常実施権を許諾することができる。

問9 **41回 学科 問8**

ア〜ウを比較して，商標法における審判に関して，最も適切と考えられるものはどれか。

ア 拒絶査定を受けた者は，その査定に不服があるときは，拒絶査定不服審判を請求することができる。
イ 何人も商標登録無効審判を請求することができるが，登録異議の申立ては，利害関係人のみに限られる。
ウ 不使用取消審判が請求された場合であっても，継続して３年以上日本国内において商標権者，専用使用権者又は質権者のいずれかが各指定商品についての登録商標の使用をしているときには，その指定商品に係る商標登録は取り消されない。

問10 44回　学科　問3

ア～ウを比較して，著作権法における譲渡の対象となる権利として，最も**不適切**と考えられるものはどれか。

ア　頒布権
イ　翻案権
ウ　同一性保持権

問11 42回　学科　問18

ア～ウを比較して，特許権の侵害に関して，最も適切と考えられるものはどれか。

ア　特許権者は不当利得返還請求及び信用回復措置請求のいずれもすることはできない。
イ　特許権者は不当利得返還請求及び信用回復措置請求をすることができる。
ウ　特許権者は不当利得返還請求をすることはできないが，信用回復措置請求をすることはできる。

問12 44回　学科　問15

ア～ウを比較して，不正競争防止法における，いわゆる著名表示冒用行為に関して，最も**不適切**と考えられるものはどれか。

ア　単に他人の著名な商品等表示を使用しただけでなく，実際に他人の商品や営業と混同が生じている場合でなければ著名表示冒用行為に該当しない。
イ　他人の著名な商品等表示と類似するもののみを使用した場合にも，著名表示冒用行為に該当することがある。
ウ　著名表示冒用行為には，他人の著名な商品等表示の使用だけでなく，その商品等表示を使用した商品を譲渡，引渡し，譲渡若しくは引渡しのための展示，輸出，輸入，若しくは電気通信回線を通じて提供する行為も含まれる。

問13　　**41回　学科　問27**

ア〜ウを比較して，特許協力条約（PCT）に基づく国際出願に関して，最も適切と考えられるものはどれか。

ア　国際出願は，国際段階でその出願内容が公開されることはない。
イ　国際出願日が認められると，各指定国における国内移行手続をした日から，各指定国における正規の国内出願の効果を有する。
ウ　国際出願は，優先日から30カ月以内に権利を取得したい国に対して国内移行手続を行う必要がある。

問14　　**44回　学科　問17**

ア〜ウを比較して，商標登録に対する不使用取消審判に関して，最も**不適切**と考えられるものはどれか。

ア　商標権者が登録商標を外国においてのみ継続して指定商品に使用している場合，取消しの対象となり得る。
イ　商標権者が登録商標を使用していない場合，専用使用権者が登録商標を指定商品に使用していても，取消しの対象となり得る。
ウ　商標権者が審判の請求の登録前の３年以内に登録商標に類似する商標のみを指定商品に使用している場合，取消しの対象となり得る。

問15　　**39回　学科　問19**

ア〜ウを比較して，特許要件とその例外に関して，最も**不適切**と考えられるものはどれか。

ア　単なる設計変更や寄せ集め，最適な材料を選択しただけにすぎない発明について，特許出願した場合には，新規性を有しないことを理由に，拒絶される。
イ　同じ発明について，異なった日に二以上の特許出願があった場合は，最初に特許出願をした者だけに特許が認められる。
ウ　特許を受ける権利を有する者の行為に起因して公知となった発明であっても，その発明が公知となった日から１年以内に特許出願をした場合には，特許される場合がある。

問16 **43回　学科　問24**

ア〜ウを比較して，独占禁止法に関して，最も**不適切**と考えられるものはどれか。

ア 事業者は，私的独占又は不当な取引制限をしてはならない。
イ 特許権に基づいて差止請求権を行使しようとしても，独占禁止法に違反するとしてその行使が認められない場合がある。
ウ 独占禁止法に違反する事実が認められた場合，公正取引委員会は排除措置命令を出すことがあるが，課徴金納付命令を出すことはできない。

問17 **42回　学科　問14**

ア〜ウを比較して，著作権法上，映画の著作物の著作権が映画製作者に帰属するための要件として，最も適切と考えられるものはどれか。

ア 当該映画の著作物の著作権者として，映画製作者が自らの実名を登録すること
イ 当該映画の原作者が，原作の利用に同意していること
ウ 当該映画の著作物の著作者が，映画製作者に対し，映画の著作物の製作への参加を約束していること

問18 **43回　学科　問14**

ア〜ウを比較して，商標登録を受けることができる商標として，最も適切と考えられるものはどれか。

ア 先に出願された自己の登録商標と同一又は類似の商標
イ 商品の品質等の誤認を生じるおそれのある商標
ウ 先に出願された他人の登録商標と同一又は類似の商標

問19 **45回　学科　問5**

ア～ウを比較して，著作権の侵害に関して，最も**不適切**と考えられるものはどれか。

ア 差止請求をした場合，損害賠償請求をすることはできない。

イ 著作権の侵害者が法人の従業者である場合，行為者本人だけでなく使用者である法人についても刑事罰が科されることがある。

ウ 著作権者は，著作権の侵害者に対して，不当利得返還請求をすることができる場合がある。

問20 **41回　学科　問21/改**

ア～ウを比較して，弁理士法に関して，最も**不適切**と考えられるものはどれか。

ア 弁理士は，裁判外紛争解決手続を単独で代理をすることはできない。

イ 弁理士でない者であっても，意匠権の登録料の納付の代理を業として行うことができる。

ウ 弁理士法人は，弁理士の業務を行うことができる。

問21 **43回　学科　問17**

ア～ウを比較して，特許出願の願書に添付する書類として，最も**不適切**と考えられるものはどれか。

ア 要約書

イ 出願審査の請求書

ウ 特許請求の範囲

問22 **39回　学科　問10**

ア～ウを比較して，著作物に関する次の文章の空欄［1］～［3］に入る語句の組合せとして，最も適切と考えられるものはどれか。

著作物とは，「［1］を［2］に表現したものであって，［3］するもの」であると，著作権法に定義されている。

ア ［1］＝思想又は感情
　［2］＝創作的
　［3］＝文芸，学術，美術又は音楽の範囲に属
イ ［1］＝思想又は心情
　［2］＝創作的
　［3］＝文化の発展に寄与
ウ ［1］＝思想又は感情
　［2］＝独創的
　［3］＝文芸，学術，美術又は音楽の範囲に属

問23 **43回　学科　問12**

ア～ウを比較して，意匠権に関して，最も適切と考えられるものはどれか。

ア 意匠権は，登録査定を受けた後，第1年分の登録料を納付し設定登録がなされると発生する。
イ 意匠権の存続期間は，設定登録の日から25年で終了する。
ウ 秘密意匠の意匠権の秘密期間は，意匠公報発行の日から3年以内の期間を指定して請求した期間となる。

問24 **42回　学科　問4**

ア～ウを比較して，意匠登録を受けることができる可能性のある意匠として，最も適切と考えられるものはどれか。

ア　意匠登録出願の出願日の３カ月前に自ら日本国内で頒布した刊行物に記載された意匠
イ　意匠登録出願の出願日の１カ月前に外国で公知となった他人の意匠に類似する意匠
ウ　物品の機能を確保するために不可欠な形状のみからなる意匠

問25 **38回　学科　問9**

ア～ウを比較して，特許出願における拒絶査定不服審判の請求と同時に行うことができる手続として，最も**不適切**と考えられるものはどれか。

ア　特許出願の分割
イ　手続補正書の提出
ウ　拒絶審決に対する訴え

問26 **44回　学科　問13**

ア～ウを比較して，種苗法に基づく品種登録制度に関して，最も適切と考えられるものはどれか。

ア　育成者権の存続期間は，品種登録の日から起算される。
イ　日本国では，植物の新品種については特許法では保護されないため，種苗法による保護が規定されている。
ウ　品種登録出願がされると，出願日から１年経過後に出願公表される。

問27 **45回　学科　問2**

ア～ウを比較して，著作権法上の引用に関して，最も**不適切**と考えられるものはどれか。

ア　非営利を目的とする場合であれば，公表されていない他人の著作物を引用して利用することができる。
イ　他人の著作物を引用した部分を含む著作物の複製物は，譲渡により公衆に提供することができる。
ウ　引用は，公正な慣行に合致するものであり，かつ引用の目的上正当な範囲内で行われるものでなければならない。

問28 **39回　学科　問25**

ア～ウを比較して，特許出願人又は特許権者から同意を得ないで行うことができる行為として，最も**不適切**と考えられるものはどれか。

ア　特許権が共有に係る場合，他の共有者の同意なしに通常実施権を許諾すること
イ　特許出願が共同に係る場合，他の出願人の同意なしに出願審査請求をすること
ウ　試験又は研究のために，特許権者の同意なしに，特許発明を業として実施すること

問29 **46回　学科　問30**

ア～ウを比較して，著作者人格権に関して，最も**不適切**と考えられるものはどれか。

ア　著作者人格権の享有には，いかなる方式の履行をも要しない。
イ　著作者は，著作物の原作品に，実名ではなく変名を著作者名として表示することができない。
ウ　著作者人格権は，相続の対象とならない。

問30 **41回　学科　問3/改**

ア〜ウを比較して，商標権等に関して，最も適切と考えられるものはどれか。

ア　地理的表示の登録主体は，法人格のある生産・加工業者の団体であり，法人格のない団体は登録主体となることができない。

イ　専用使用権は，指定商品又は指定役務について登録商標を独占排他的に使用することができる権利であり，特許庁に登録しなければ効力を生じない。

ウ　商標権者は，その商標権を侵害した者に対して差止請求等の民事的措置をとることができるが，その侵害者が刑事罰を科されることはない。

実力テスト
学科解説

問1　正解: イ　　パリ条約

ア　不適切

パリ条約では特許独立の原則を採用しています(パリ４条の２)。この特許独立の原則により，各同盟国の特許は，他の同盟国の特許から独立することになります。したがって，優先権の主張の基礎となる第一国の特許出願を取り下げた場合，それを理由として，優先権の主張を伴う特許出願をした他の国において特許出願が無効となるわけではありません。

イ　適切

パリ条約の優先権の基礎となる出願(第一国の特許出願)は，いずれかの同盟国において正規にした出願であればよく（パリ４条（A）（１)），自国の特許庁ではなく他の同盟国の特許庁にした出願であっても問題ありません。

ウ　不適切

パリ条約は，属地主義の原則を前提としており，各同盟国では，独自の基準により特許を付与することができます。したがって，各同盟国の特許要件は同じであるとは限りません。

問2　正解: イ　　著作(財産)権

ア　不適切

著作権は，その全部又は一部を譲渡することができます（著61条１項)。したがって，音楽の著作物の著作権を移転する際には，一部の著作権のみを譲渡できるため，例えば複製権を譲渡する際に，上演権及び演奏権を一緒に譲渡させる必要はありません。

イ　適切

言語の著作物を，著作権者から適法に購入した場合には，その著作物についての譲渡権は消尽するので，その後の転売について譲渡権は及びません（著26条の２第２項１号)。したがって，著作権者から譲渡権を譲り受ける必要はありません。

ウ　不適切

著作者人格権は，著作者の一身に専属し，譲渡することができません(著59条)。したがって，すべての著作権を譲り受けても，著作者人格権は譲り受けることができません。

問3　正解: ア　不正競争防止法

営業秘密とは，秘密として管理されている生産方法，販売方法その他の事業活動に有用な技術上又は営業上の情報であって，公然と知られていないものをいいます(不競２条６項)。

ア　適切

上述のとおり，技術上の秘密情報は，秘密として管理されていて公然と知られていなければ，営業秘密として保護されえます。

イ　不適切

利益額を低く見せるための二重帳簿は，社会通念上，有用な情報とは認められないため(東京地裁　平成11年7月19日　判決)，営業秘密として保護されません。

ウ　不適切

秘密として管理されていない場合には，公然と知られていないとしても営業秘密に該当せず(不競２条６項)，不正競争防止法では保護されません。

問4　正解: ウ　商標登録を受けるための手続き

ア　適切

特許庁に商標登録出願があったときは，商標登録される前でも，商標公報の発行準備が整い次第，商標公報に掲載されることにより出願公開されます(商12条の２)。

イ　適切

商標法には出願審査請求の制度はなく，原則として，すべての商標登録出願について，実体審査が行われます(商14条)。

ウ　不適切

商標登録出願人は，事件が審査，登録異議の申立てについての審理，審判又は再審に係属している場合に限り，その補正をすることができます（商68条の40第１項)。ただし，要旨を変更する補正は認められません（商16条の２第１項)。願書に記載した商標に図形を追加することは，要旨の変更に該当するので，そのような補正をすることはできません(商標審査基準　第13)。

問5　正解: ウ　　特許出願後の手続き

ア　不適切

出願審査の請求は，何人も行うことができるので，特許出願人以外の者でも行うことができます(特48条の3第1項)。

イ　不適切

出願審査の請求は，いったん請求すると，それを取り下げることができません(特48条の3第3項)。したがって，審査官が審査に着手する前であっても出願審査の請求を取り下げることはできません。

ウ　適切

出願審査の請求は，特許出願の日から3年以内に行うことができるので，特許出願と同時に行うこともできます(特48条の3第1項)。

問6　正解: ウ　　意匠登録を受けるための手続き

ア　不適切

令和3年3月まで，意匠登録出願は，経済産業省令で定める物品の区分により意匠ごとに行うことになっていましたが，令和3年4月から施行された改正意匠法では，意匠登録出願を意匠ごとに行う一方で，物品の区分により行う必要がなくなりました(意7条)。

イ　不適切

意匠権の存続期間は，設定登録の日から10年ではなく，意匠登録出願の日から25年をもって終了します(意21条1項)。

ウ　適切

意匠法では，独創的で特徴ある物品の部分の形状，模様もしくは色彩又はこれらの結合であって，視覚を通じて美感を起こさせるものについて，部分意匠として意匠登録を受けることができます(意2条1項かっこ書)。したがって，独立して取引の対象とはならない物品の部分についても，意匠登録出願をすることができます。

問7　正解: ア　　著作隣接権

ア　適切

実演に関する著作隣接権は，当該実演を行った時から始まります（著101条1項1号)。なお, 存続期間は, 当該実演が行われた日の属する年の翌年から起算して, 70年を経過したときに消滅します(著101条2項1号)。

イ　不適切

レコード製作者は，譲渡権を有します(著97条の2)。

ウ　不適切

著作隣接権者のうち唯一，人格権を有しているのは実演家のみです。具体的には氏名表示権（著90条の2第1項）と同一性保持権（著90条の3第1項）を有しています。

問8　正解: イ　　特許権の管理と活用

ア　適切

特許権が共有に係るときは，各共有者は，他の共有者の同意を得なければ，その特許権について通常実施権を許諾することができません(特73条3項)。

イ　不適切

特許権者は，通常実施権の契約において，契約の相手方以外の者には通常実施権を許諾しない旨の特約を交わして通常実施権(いわゆる独占的通常実施権)を許諾することができます。

ウ　適切

特許権者は，その特許権について通常実施権を許諾することができます(特78条1項)。通常実施権は，専用実施権のように独占的な実施権ではないので（特78条2項)，特許権者は，重複する範囲について複数人に対して通常実施権を許諾することができます。

問9　正解: ア　　　商標法　全般

ア　適切

拒絶査定を受けた者は，その査定に不服があるときは，その査定の謄本の送達があった日から３カ月以内に拒絶査定不服審判を請求することができます(商44条１項)。

イ　不適切

何人も，商標掲載公報の発行の日から２カ月以内に限り，特許庁長官に登録異議の申立てをすることができます（商43条の２)。なお，商標登録無効審判については利害関係人のみ請求することができます(商46条２項)。

ウ　不適切

不使用取消審判が請求された場合，３年以内に日本国内において商標権者，専用使用権者，通常使用権者のいずれかが各指定商品についての登録商標の使用をしているときには，その指定商品に係る商標登録は取り消されません（商50条)。ただし，質権者のみが使用している場合には，登録商標の使用とは認められないため，その指定商品に係る商標登録は取り消されます。

問10　正解: ウ　　　著作(財産)権

ア　適切

頒布権は，譲渡の対象となります(著61条１項)。

イ　適切

翻案権は，譲渡の対象となります(著61条１項)。

ウ　不適切

同一性保持権等の著作者人格権は，著作者の一身に専属し，譲渡することができません(著59条)。

問11　正解: イ　　特許権の侵害と救済

特許権者又は専用実施権者は，特許権又は専用実施権を侵害した者に対して，差止請求，損害賠償請求，不当利得返還請求及び信用回復措置請求をすることができます。

ア　不適切

特許権者は不当利得返還請求及び信用回復措置請求のいずれもすることができます。

イ　適切

特許権者は不当利得返還請求（民703条，704条）に代え，又は不当利得返還請求とともに信用回復措置請求(特106条)をすることができます。

ウ　不適切

特許権者は信用回復措置請求だけではなく，不当利得返還請求もすることができます。

問12　正解: ア　　不正競争防止法

ア　不適切

他人の著名な商品等表示を使用した場合には，実際に他人の商品や営業と混同が生じていなくとも，著名表示冒用行為に該当します(不競２条１項２号)。

イ　適切

他人の著名な商品等表示と同一もしくは類似するものを使用する行為は，著名表示冒用行為に該当します(不競２条１項２号)。

ウ　適切

著名表示冒用行為には，他人の著名な商品等表示の使用だけでなく，その商品等表示を使用した商品を譲渡，引渡し，譲渡もしくは引渡しのための展示，輸出,輸入，もしくは電気通信回線を通じて提供する行為も含まれます（不競２条１項２号)。

問13　正解: ウ　　特許協力条約（PCT）

ア　不適切

国際出願の国際段階とは，国際出願日から国内移行手続を行うまでの期間を指し，具体的には国際出願日から30カ月の期間となります。一方，出願内容が公開される国際公開は，国際出願日より18カ月経過した時点で行われます（PCT21条（2）（a））。したがって，国際段階でも出願内容が公開されることがあります。

イ　不適切

国際出願日の認められる国際出願は，その国際出願日から各指定国における正規の国内出願の効果が認められます（PCT11条（3））。すなわち，各指定国における国内移行手続をした日からではなく，国際出願日から各指定国における正規の国内出願の効果が認められることになります。

ウ　適切

国際出願をした後，各国で特許権を得るためには，優先日から30カ月以内に権利を取得したい国に対して国内移行手続をしなければなりません（PCT22条（1））。

問14　正解: イ　　商標権の管理と活用

ア　適切

不使用取消審判を免れるためには，日本国内で登録商標を使用していなければなりません（商50条1項）。登録商標を外国においてのみ使用している場合は，登録商標の使用とは認められないため，不使用取消審判の対象となりえます。

イ　不適切

商標権者自身が登録商標の使用をしていなくても，専用使用権者又は通常使用権者のいずれかの者が，登録商標（登録商標と社会通念上同一と認められる商標を含む）を指定商品に使用していれば，取消しを免れます(商50条1項，商38条5項かっこ書)。

ウ　適切

審判請求の登録前の３年以内に，日本国内において商標権者，専用使用権者又は通常使用権者のいずれもが，指定商品又は指定役務に登録商標の使用をしていないときは，不使用取消審判の取消し対象となります（商50条1項，２項)。ここで，「登録商標に類似する商標の使用」は，「登録商標の使用」とは認められないため，本問の場合には，不使用取消審判の取消し対象となりえます。

問15　正解: ア　　特許要件

ア　不適切

単なる設計変更や寄せ集め，最適な材料を選択しただけにすぎない発明について，特許出願した場合には，当業者が容易に思いつくものであるために進歩性を有しないことを理由に，拒絶されます(特29条2項，49条2号)。

イ　適切

先願主義により，同じ発明について，異なった日に二以上の特許出願があった場合は，最初に特許出願をした者だけが特許を受けられます(特39条1項)。

ウ　適切

特許を受ける権利を有する者の行為に起因して公知となった発明であっても，その発明が公知となった日から1年以内に特許出願をした場合には，新規性喪失の例外規定の適用が受けられます（特30条2項)。そして，新規性喪失の例外規定の適用を受けることができれば，特許出願前に公知となった発明であっても，特許される場合があります。

問16　正解: ウ　　独占禁止法

ア　適切

独占禁止法では，事業者による私的独占及び不当な取引制限を禁止しています(独3条)。

イ　適切

特許権に基づいて差止請求権を行使することは，原則として，特許法による権利の行使と認められる行為であるため，その行為に対しては独占禁止法が適用されませんが（独21条)，その差止請求が特許制度の趣旨を逸脱し，公正な競争を阻害するおそれがある場合には，権利の行使とは認められず，独占禁止法に違反するとしてその行使が認められない場合があります(東京地裁　令和2年7月22日　判決)。

ウ　不適切

独占禁止法に違反する事実が認められた場合，公正取引委員会は，排除措置命令を出すことができ(独7条，20条)，課徴金納付命令を出すこともできます(独7条の2，20条の2～20条の6)。

問17　正解: ウ　　著作者

ア　不適切

映画の著作物の著作権が映画製作者に帰属するための要件としては，その著作者が映画製作者に対し当該映画の著作物の製作に参加することを約束していることを要します（著29条1項)。一方，当該映画の著作物の著作権者として，映画製作者が自らの実名を登録することは，映画の著作物の著作権が映画製作者に帰属するための要件ではありません。

イ　不適切

映画の原作者が，原作の利用に同意していることは，映画の著作物の著作権が映画製作者に帰属するための要件ではありません。

ウ　適切

映画の著作物の著作者が，映画製作者に対し，映画の著作物の製作への参加を約束していることは，映画の著作物の著作権が映画製作者に帰属するための要件です(著29条1項)。

問18　正解: ア　　商標法の保護対象と登録要件

ア　適切

先願の他人の登録商標と同一又は類似の商標については，商標登録を受けることができません（商４条１項11号)。しかし，先願に係る自己の登録商標と同一又は類似の商標については，商品・役務の出所の混同のおそれがないことから，商標登録を受けることができます。

イ　不適切

商品の品質又は役務の質の誤認を生じるおそれがある商標は，登録を受けることができません(商４条１項16号)。

ウ　不適切

先願の他人の登録商標と同一又は類似の商標については，原則として，商標登録を受けることができません(商４条１項11号)。

なお，令和６年の商標法改正により，先の登録商標を有する他人の承諾を得て，かつ，当該他人の商品等と混同を生じさせない場合には，商標登録を受けることができるようになりました(商４条４項)。

問19　正解: ア　　著作権の侵害と救済

ア　不適切

差止請求をした場合に損害賠償請求が制限されるという規定は，著作権法に存在しません。したがって，著作権法上の権利侵害等の違法行為に対して，差止請求とともに損害賠償請求を行うことができます(著112条，民709条)。

イ　適切

著作権法では，両罰規定を採用しており，法人等の業務に関して，従業者等が著作権法第119条～122条の2までの規定に違反したときは，行為者本人だけでなく使用者である法人についても刑事罰が適用されます(著124条)。

ウ　適切

著作権が侵害された場合には，著作権者は侵害者に対して，不当利得返還の請求をすることができます(民703条)。

問20　正解: ア　　弁理士法

ア　不適切

弁理士は，単独で知的財産に関する事件の裁判外での紛争解決手続等の代理をすることができます(弁理士法４条２項２号)。

イ　適切

意匠権の登録料の納付手続についての代理や特許原簿への申請手続の代理は，弁理士又は弁理士法人でない者が他人の求めに応じ報酬を得て業とすることができない事項から除かれています（弁理士法75条かっこ書，弁理士法施行令７条１号)。したがって，弁理士でない者であっても，意匠権の登録料の納付の代理を業として行うことができます。

ウ　適切

弁理士法人は，弁理士の業務を行うことができます(弁理士法40条)。

問21　正解: イ　　**特許出願の手続き**

特許出願の願書には，明細書，特許請求の範囲，必要な図面及び要約書を添付しなければなりません(特36条2項)。

ア　適切

上述のとおり, 特許出願における願書には, 要約書を添付しなければなりません。

イ　不適切

出願審査請求書は，特許出願人がその出願の実体審査を開始するために，出願審査の請求を行なう際に提出する書類です（特48条の4）。したがって，特許出願の願書に添付する書類ではありません。

ウ　適切

上述のとおり，特許出願の願書には特許請求の範囲を添付しなければなりません。

問22　正解: ア　　**著作権法の目的と著作物**

著作権法において，著作物とは，「思想又は感情を創作的に表現したものであって，文芸，学術，美術又は音楽の範囲に属するものをいう。」と規定されています(著2条1項1号)。

問23　正解: ア　　**意匠権の管理と活用**

ア　適切

第1年分の登録料の納付によって意匠権の設定登録が行われ，意匠権が発生します(意20条1項，2項)。

イ　不適切

意匠権の存続期間は，設定登録の日からではなく，意匠登録出願の日から25年をもって終了します(意21条1項)。

ウ　不適切

意匠登録出願人は，意匠権の設定登録の日から3年以内の期間を指定して，その期間その意匠を秘密にすることを請求できます（意14条1項)。つまり，秘密意匠の期間の起算日は意匠公報発行の日ではありません。

問24　正解: ア　　意匠法の保護対象と登録要件

ア　適切

意匠登録出願前に日本国内又は外国において，頒布された刊行物に記載された意匠又は電気通信回線を通じて公衆に利用可能となった意匠は，新規性がないため，意匠登録を受けることができません(意３条１項２号)。ただし，意匠登録出願人が自ら公開した場合に，公知となった日から１年以内に出願すれば，新規性喪失の例外規定の適用を受けられるので，意匠登録を受けられる可能性があります(意４条２項)。

イ　不適切

意匠登録出願前に日本国内又は外国において，公然知られた意匠，又はこれらに類似する意匠は，意匠登録を受けることができません(意３条１項１号，３号)。よって，意匠登録出願の出願日の１カ月前に外国で公知となった他人の意匠に類似する意匠は，意匠登録を受けることができません。

ウ　不適切

物品の機能を確保するために不可欠な形状のみからなる意匠は，他の登録要件を満たす場合であっても，意匠登録を受けることができません(意５条３号)。

問25　正解: ウ　　特許出願後の手続き

ア　適切

特許出願人は拒絶査定の謄本の送達があった日から３カ月以内であれば，拒絶査定不服審判の請求と同時でも，拒絶査定不服審判を請求した後でも，特許出願の分割をすることができます(特44条１項３号)。

イ　適切

拒絶査定不服審判においては，審判の請求と同時であれば手続補正書を提出して，明細書，特許請求の範囲又は図面の補正をすることができます（特17条の２第１項４号)。

ウ　不適切

拒絶審決とは，拒絶査定不服審判の審理の結果として，拒絶査定を覆すことができなかった場合に審判請求人に通知されるものです。したがって，拒絶査定不服審判の結果である拒絶審決に対する訴えは，拒絶査定不服審判の請求と同時に行うことはできません。

問26　正解: ア

種苗法

ア　適切

育成者権の存続期間は，品種登録の日から25年（永年性植物の場合は30年）で終了します（種19条２項）。育成者権の存続期間は，品種登録の日が起算日となっています。

イ　不適切

日本国において，植物の新品種は発明に該当するため（特２条１項），特許要件を満たすものであれば特許法で保護されることがあります。

ウ　不適切

品種登録出願がされると，遅滞なく出願公表されます（種13条１項）。つまり，出願日から１年経過後に出願公表されるわけではありません。

問27　正解: ア

著作権の制限

ア　不適切

公表された著作物は，公正な慣行に合致するものであり，かつ，報道，批評，研究その他の引用の目的上正当な範囲内で行なわれるものであれば，引用して利用することができます（著32条１項）。したがって，公表されていない他人の著作物は，無断で引用して利用することはできません。

イ　適切

他人の著作物を引用した部分を含む著作物の複製物は，譲渡により公衆に提供することができます（著47条の７）。

ウ　適切

上述アのとおり，引用は，公正な慣行に合致するものであり，かつ，報道，批評，研究その他の引用の目的上正当な範囲内で行なわれるものでなければなりません（著32条１項）。

問28　正解: ア　　特許法　全般

ア　不適切

特許権が共有に係る場合，他の共有者の同意を得なければ通常実施権を許諾することができません(特73条３項)。

イ　適切

二人以上の者が共同で特許出願を行った後，一定の不利益行為を除き，その後の手続きでは各人が全員を代表することになります（特14条)。ここで，出願審査請求は，前述の不利益行為には該当しないので，共同出願人の一人が他の出願人の同意を得ずに行うことができます。

ウ　適切

試験又は研究のために特許発明を業として実施する行為に対しては，特許権の効力が及びません（特69条１項)。したがって，特許権者の同意を得ないで，試験又は研究のために，他人の特許発明を業として実施することができます。

問29　正解: イ　　著作者人格権

ア　適切

著作権法では，いわゆる無方式主義を採用しており，著作者人格権及び著作権の享有には，いかなる方式の履行をも要しません(著17条２項)。

イ　不適切

著作者は，その著作物の原作品に，又はその著作物の公衆への提供もしくは提示に際し，その実名もしくは変名を著作者名として表示し，又は著作者名を表示しないことを決定することができる氏名表示権を有します（著19条１項)。したがって，著作者は氏名表示権に基づいて，著作物の原作品に実名ではなく変名を著作者名として表示することができます。

ウ　適切

著作者人格権は，人格権の一種であり，著作者の一身に専属する権利なので相続の対象とはなりません(著59条，民896条ただし書)。

問30　正解: イ　　　　　　　　　　　　　　　　　　　　　　**商標権の管理と活用**

ア　不適切

地理的表示の登録主体は，生産工程管理業務を行う生産者団体であり，生産者団体には，法人格のある団体の他に，一定の条件を満たした法人格のない団体も含まれます（地理的表示２条５項かっこ書，６条）。

イ　適切

専用使用権者は，設定行為で定めた範囲内において，指定商品又は指定役務について登録商標を独占排他的に使用できる権利です（商30条２項）。また，専用使用権は，特許庁に登録しなければ効力を生じません（商30条４項で準用する特98条１項２号）。

ウ　不適切

商標権又は専用使用権を侵害した者は，10年以下の懲役もしくは１千万円以下の罰金に処され，又はこれが併科されます（商78条）。つまり，侵害者には民事的措置による制裁とともに，刑事罰が科されることもあります。

実力テスト
実技問題

中小企業である食品メーカーX社に勤務している技術者**甲**は，インスタントラーメンAの開発を担当している。**甲**は，インスタントラーメンAに係る発明についての特許出願に関して，同僚の**乙**に相談をしている。**甲**と**乙**は会話1〜3をしている。

会話1

甲「私が，新開発のインスタントラーメンAに係る発明をしたので，特許出願の発明者の欄には私の名前を記載することになりますよね。」

乙「インスタントラーメンAに係る発明は職務発明に該当し，X社を出願人として特許出願しますので，発明者は**甲**さんではなくX社となります。」

会話2

甲「総務部の人から特許出願をするための明細書を書くように指示されました。特許庁の審査に通るためにはどのように書けばよいですか。」

乙「インスタントラーメンAに係る発明の属する技術分野における最先端の知識を有する者が，その発明を理解することができる程度に明確かつ十分に記載する必要があります。」

会話3

甲「インスタントラーメンAに係る発明は，インスタントラーメンAの製造方法に関するもので，文章で十分に説明することができて理解も容易なのですが，それでも図面や要約書を作成する必要がありますか。」

乙「特許出願の願書には図面を必ず添付しなければならないので作成してください。要約書は願書に添付しなくてもよいので作成しなくて構いません。」

以上を前提として，**問1〜問6**に答えなさい。

問1

会話1について，適切と考えられる場合は「○」を，不適切と考えられる場合は「×」と答えなさい。

問2

【理由群Ⅰ】の中から，問1において適切又は不適切と判断した理由として，最も適切と考えられるものを1つだけ選びなさい。

【理由群Ⅰ】

ア 職務発明については，出願人が発明者の勤務先の会社となる場合には発明者もその会社となるため

イ 職務発明については，いわゆる予約承継がされている場合には，出願人とは無関係に，発明者の勤務先の会社が発明者となるため

ウ 発明は，人間の創作活動により生み出されるものであり，発明者は自然人に限られるため

問3

会話2について，適切と考えられる場合は「○」を，不適切と考えられる場合は「×」と答えなさい。

問4

【理由群Ⅱ】の中から，問3において適切又は不適切と判断した理由として，最も適切と考えられるものを1つだけ選びなさい。

【理由群Ⅱ】

ア インスタントラーメンAの発明の属する技術分野における最先端の知識を有する者が，その発明を実施できる程度に明確かつ簡潔に記載する必要があるため

イ インスタントラーメンAに係る発明の属する技術分野における通常の知識を有する者が，その発明の実施をすることができる程度に明確かつ十分に記載する必要があるため

ウ 会話の内容の通りであるため

問5

会話3について，適切と考えられる場合は「○」を，不適切と考えられる場合は「×」と答えなさい。

問6

【理由群Ⅲ】の中から，問5において適切又は不適切と判断した理由として，最も適切と考えられるものを1つだけ選びなさい。

【理由群Ⅲ】

ア　図面及び要約書は願書の必須添付書面であるため

イ　図面は願書の必須添付書面ではないが，要約書は願書の必須添付書面であるため

ウ　会話の内容の通りであるため

問7～問12　　41回　実技　問7～問12

大学の映画サークルに所属する**甲**は，日本映画に関する複数の映画評論家による論文集Ａについて，先輩に発言１～３をしている。なお，いずれの場合にも，この論文集の著作権者等の許諾は得ていないものとする。

発言１　「自宅のパソコンとスキャナーを使って論文集Ａの一部をデジタルデータにして，スマートフォンにそのデータを入れて通学途中に自分だけで読もうと思いますが，問題はありませんよね。」

発言２　「私も日本映画に関する論文を執筆する予定です。論文集Ａに掲載されている７つの論文のうち，２番目の論文の大半を，そのまま自分の論文の文章に使おうと思いますが，問題はありませんよね。」

発言３　「論文集Ａに掲載されている７つの論文のうち，５番目の論文はとても興味深い内容です。海外の友人に紹介したいので，５番目の論文を英訳して自分のブログに掲載して公表しようと思いますが，問題はありませんよね。」

以上を前提として，**問７～問１２**に答えなさい。

問7

発言１について，適切と考えられる場合は「○」を，不適切と考えられる場合は「×」と答えなさい。

問8

問７において，適切又は不適切であると判断した理由として，最も適切と考えられるものを【理由群Ⅳ】の中から１つだけ選びなさい。

【理由群Ⅳ】
ア　著作者人格権侵害となる可能性が高いため
イ　著作権侵害となる可能性が高いため
ウ　著作権が制限される場合として，著作権侵害となる可能性が低いため

実力テスト

問9

発言２について，適切と考えられる場合は「○」を，不適切と考えられる場合は「×」と答えなさい。

問10

問９において，適切又は不適切であると判断した理由として，最も適切と考えられるものを【理由群Ⅴ】の中から１つだけ選びなさい。

【理由群Ⅴ】

ア　著作隣接権侵害となる可能性が高いため
イ　著作権侵害となる可能性が高いため
ウ　著作権が制限される場合として，著作権侵害となる可能性が低いため

問11

発言３について，適切と考えられる場合は「○」を，不適切と考えられる場合は「×」と答えなさい。

問12

問11において，適切又は不適切であると判断した理由として，最も適切と考えられるものを【理由群Ⅵ】の中から１つだけ選びなさい。

【理由群Ⅵ】

ア　著作権が制限される場合として，著作権侵害となる可能性が低いため
イ　著作権の侵害となる可能性が高いため
ウ　著作隣接権の侵害となる可能性が高いため

問13 **41回　実技　問22**

種苗会社X社は，日本で2020年に果樹に関する品種Aについて品種登録を受けている。**ア～ウ**を比較して，品種Aに関して，最も適切と考えられるものはどれか。

ア X社は，品種Aと同一の品種についてのみ業として独占的に利用でき，特性により明確に区別されない品種については他社の利用を禁止できるにすぎない。
イ 品種Aの育成者権の存続期間は2040年までである。
ウ Y社が，新品種を研究開発する育種素材として利用するために品種Aの種苗を増殖する場合，X社の許諾を得る必要はない。

問14 **45回　実技　問22**

医療機器メーカーX社では，胃カメラAの内部の特殊構造に係る発明Bについて，特許出願を検討している。**ア～ウ**を比較して，特許権を取得できる可能性が高いものとして，最も適切と考えられるものを1つだけ選びなさい。

ア 胃カメラAについて自社内の研究所で製品の設計を完成し，試作品を製造した後1年以上経過しているが，発表はまだ行われておらず，販売も開始されていない場合
イ 胃カメラAについて日本国内の業者向けの展示説明会に出品して発明Bについて説明し，当該出品から1年以上経過しているが，一般への正式な発表はまだ行われておらず，販売も開始されていない場合
ウ 胃カメラAについて日本国内で販売を開始し，その販売開始日から1年以上経過している場合

問15　　　39回　実技　問17

電機メーカーX社において，知的財産部の部員が知的財産に関する条約について発言している。**ア～ウ**を比較して，部員の発言として，最も適切と考えられるものはどれか。

ア「特許による保護を求めようとする場合には，保護を求める国毎に特許出願を行い，特許を受けることが必要ですが，パリ条約上の優先権を主張して特許出願する場合には，先の特許出願が特許されれば各国においても自動的に特許されたものとして取り扱われます。」

イ「指定国として米国を含む特許協力条約（PCT）に係る国際出願に基づいて，わが国にパリ条約上の優先権を主張した特許出願をすることができます。」

ウ「日本国特許庁を受理官庁として特許協力条約（PCT）に係る国際出願をする場合には，指定国に日本を含めることができません。」

問16　　　46回　実技　問25

食器メーカーX社は，X社が所有する意匠権Mについて，Y社に対してライセンスしている。**ア～ウ**を比較して，X社の行為について，最も**不適切**と考えられるものを1つだけ選びなさい。

ア　X社は，X社がY社へ通常実施権を許諾した後に，意匠権Mを譲渡した。

イ　X社は，X社がY社へ通常実施権を許諾した後に，意匠権Mに係る登録意匠を実施した。

ウ　X社は，X社がY社へ全範囲を対象とする専用実施権を設定登録した後に，意匠権Mに係る登録意匠に類似する意匠を実施した。

問17　**41回　実技　問25**

医療機器メーカーX社は，医療用カメラのレンズに関する発明Aについて2021年6月に日本において特許出願Pを行い，現在，発明Aに係る医療用カメラを製造販売している。ところが，中国において2021年12月ごろから早くもその医療用カメラの模造品が出回っている事実がわかった。**ア～ウ**を比較して，X社の対応に関して，最も適切と考えられるものはどれか。

ア　特許出願Pについて，日本において迅速な権利化を目指すべきである。日本で特許されれば，その特許によって中国において模造品に対して権利行使できるからである。

イ　特許出願Pに基づいて，パリ条約による優先権を主張して，できるだけ早く中国に特許出願し，早期に中国において権利化を図るべきである。いち早く中国における模造品に対して権利行使をするためである。

ウ　特許出願Pに基づいて，パリ条約による優先権を主張して，指定国に中国を含んだ国際出願をして国際予備審査の結果を待つべきである。国際段階で時間をかけて権利化の可能性を確認した上で中国での手続を進めるべきだからである。

問18　**40回　実技　問18**

家電メーカーX社の知的財産部の部員**甲**は，新商品の冷蔵庫に使用する商標Mについての先行商標調査を行った。**ア～ウ**を比較して，**甲**の考えとして，最も適切と考えられるものはどれか。

ア　商標Mと同一又は類似する可能性があるような先行商標は発見されなかったので，直ちに商標Mの使用を開始しても問題はないと考えた。

イ　X社と競合するY社が，商標Mと類似する登録商標Aを有していることが判明した。登録商標Aに係る指定商品と，X社が販売する商品とは商品区分が異なるが，商標Mを選択する上では詳細に当該指定商品との類否関係を検討する必要があると考えた。

ウ　商標Mは，競合するW社が長年使用している商標Bと酷似するものであったため，商標Bについて調査を行い，W社が商標Bについて商標登録を受けていないことを確認できたので，商標Mの商標登録に際して，商標Bが問題となることはないと考えた。

問19 **45回　実技　問21**

家電メーカーX社は，開発中の新しいクーラーに関し，当初は意匠登録出願の直後に製品発表をする予定であったが，意匠登録出願はしたものの，製品発表時期を大幅に延期することとなった。意匠登録出願時に秘密意匠の請求をしていなかったことから，対応を検討している。**ア〜ウ**を比較して，X社の知的財産部の部員の発言として，最も適切と考えられるものを1つだけ選びなさい。

ア　「意匠登録出願後であっても秘密意匠の請求はできますが，出願後6カ月以内に手続する必要があります。」

イ　「秘密意匠の請求は意匠登録査定後であってもできますが，第1年分の登録料の納付と同時に行う必要があります。」

ウ　「既に意匠登録出願をしてしまったため，秘密意匠にするためには，一度意匠登録出願を取り下げて，秘密意匠の請求とともに意匠登録出願をし直す必要があります。」

問20 **41回　実技　問20**

ア〜ウを比較して，商標登録出願に関して，最も適切と考えられるものはどれか。対応する記号を解答用紙に記入しなさい。

ア　商標登録出願に係る商標を「令和」とし，指定商品を「万年筆」として，商標登録出願をした場合であっても，商標登録を受けることができる。

イ　一般社団法人が「商標権に関する手続の代理」を指定役務として，商標登録出願をした場合には，商標登録を受けることができない。

ウ　商標登録出願に係る商標を「新鮮トマト」とし，指定商品を「果実」として，商標登録出願をした場合であっても，商標登録を受けることができる。

問21 **43回　実技　問26**

時計メーカーX社の知的財産部の部員**甲**は，新たに販売を開始しようとしている製品Aについて特許調査をした。その結果，製品Aが，時計メーカーY社の特許権Pを侵害している可能性が高いことを発見した。**ア～ウ**を比較して，**甲**の発言として，最も適切と考えられるものを1つだけ選びなさい。

ア「特許権Pは5年ほど前に設定登録がされており，Y社は特許権Pを使用していると思われる製品を現在も販売しているので，特許権Pの存在の有無を特許原簿により確認する必要は特にありません。」

イ「Y社から特許権Pを侵害する旨の警告が来ているわけではありませんので，とりあえずY社から警告が来る前になるべく早く製品Aの販売を開始しましょう。」

ウ「特許権Pの出願日において，既にわが社では日本国内で製品Aの生産の準備をしていたことを客観的に証明できますので，製品Aの販売を開始しても問題はなさそうです。」

問22 **42回　実技　問22**

化粧品メーカーX社は，日本で特許出願Pをした新規な口紅Aに係る発明について，フランスでも特許権を取得したいと考えている。**ア～ウ**を比較して，X社の知的財産部の部員の発言として，最も適切と考えられるものはどれか。

ア「特許出願Pに基づいてパリ条約上の優先権を主張して，フランスを指定国に含む特許協力条約(PCT)に係る国際出願を行っても，フランスの国内移行段階において優先権の効果は認められません。」

イ「特許出願Pの出願日から12カ月以上経過してしまうと，口紅Aに係る発明についてフランスに直接，特許出願をすることはできません。」

ウ「特許出願Pに基づいてパリ条約上の優先権を主張して，特許出願Pの出願日から12カ月以内にフランスに特許出願した場合，特許出願Pの出願後フランスへの特許出願前にX社が口紅Aを日本及びフランスにおいて販売を開始したことによって，フランスの特許出願が拒絶されることはありません。」

問23 **43回　実技　問16**

ア～ウを比較して，意匠登録の対象に関して，最も**不適切**と考えられるものを１つだけ選びなさい。

ア　著名な建築家による高層ビルのデザインは，意匠登録の対象となる。
イ　毛抜きのデザインは，美術品のような高尚な美ではなく，使いやすさといった作用効果を目的としているにすぎず，意匠登録の対象とならない。
ウ　ロボットは，冷蔵庫の生産ライン用のロボットのみならず，自在の動きをする玩具用のロボットについても，工業上利用できる物品として，意匠登録の対象となる。

問24 **40回　実技　問24**

ア～ウを比較して，著作権法上の同一性保持権の侵害に該当する可能性が高い行為として，最も適切と考えられるものはどれか。

ア　より多くの宿泊客が宿泊できるようにするため，有名な建築家が設計したホテルを増築する行為
イ　会社の会議室に飾るため，著作者から購入した絵画の一部の色を会議室の雰囲気に合うように変更する行為
ウ　公立高校の入学試験の問題を作成するため，新聞記事の一部を使用し，使用部分の一部を空欄にする行為

問25 **45回　実技　問14**

出版社Ｘ社の営業部の部員**甲**と法務部の部員**乙**が，著作者について会話をしている。**ア～ウ**を比較して，最も適切と考えられるものを１つだけ選びなさい。

ア **甲**「わが社が出版する漫画が今度,実写化されることになりました。この場合，映画の著作者は誰になりますか。」

乙「その映画のプロデューサー，映画監督等，すなわちその映画の全体的形成に創作的に寄与した者が著作者になります。」

イ **甲**「わが社のウェブサイトを一新することになり，ウェブサイトの制作を,ウェブサイト制作会社Ｙ社に依頼することになりました。この場合，ウェブサイトの著作者は誰になりますか。」

乙「ウェブサイトの制作を依頼したわが社とウェブサイトを制作するＹ社の両者が，著作者となります。」

ウ **甲**「わが社の総務部の部員**丙**が趣味で描いた絵が素晴らしいので,来年発売する小説のポスターに使用したいと思います。この場合，絵の著作者は誰になりますか。」

乙「わが社の社員が作成したものであれば職務著作が成立するので,わが社が著作者となります。」

問26 **45回　実技　問26**

育毛剤メーカーX社は，指定商品aについて商標「ABC」に係る商標権Mを取得し，その後に当該商標の使用を開始した。X社の商品aは，爆発的なヒット商品となり，市場シェアが高まり，取引者の間では，他社の製品であっても商品aについては「ABC」の名前で呼ばれることが多くなった。**ア～ウ**を比較して，X社の考えとして，最も適切と考えられるものを1つだけ選びなさい。

ア　X社は，取引者の間で，商品aについては「ABC」と呼ばれることになったことから，商標権Mに係る商標登録は無効理由を有すると考え，商標「ABC」の使用を中止し，新たな商標を使用することにした。

イ　X社は，商品aについて，他社製品も含めて「ABC」と呼ばれるのは，X社の製品が高品質であることを証明するものであり，また商標のライセンス料が得られる可能性もあると考え，しばらく現在の状況を放置することとした。

ウ　X社は，商標権Mの効力が制限される可能性もあると考え，商品aについて商標「ABC」を使用する場合には，X社の登録商標である旨を明記することとした。

問27 **40回　実技　問27**

化学品メーカーX社は，自社の従業員がした発明について2021年11月2日に特許出願Aをした。この場合，特許出願Aの出願審査請求をすることができる最終日が属するのは西暦何年何月か答えなさい。

問28～問30 39回　実技　問28～問30

次の発言は，X社の知的財産部の部員が，会社の名称の保護に関して，社員に説明しているものである。**問28～問30**に答えなさい。

「会社の名称については，商標法の他に，不正競争防止法によっても保護を受けることができます。不正競争防止法では，会社の名称は，[1]に該当します。また，不正競争防止法では，[1]は，商標登録を条件[2]保護されます。さらに，商標法により会社の名称について保護を受ける場合であって，会社の名称を使用していない場合は，使用意思を有していること[3]。」

問28

空欄[1]に入る最も適切な語句を【語群Ⅶ】の中から選びなさい。

問29

空欄[2]に入る最も適切な語句を【語群Ⅶ】の中から選びなさい。

問30

空欄[3]に入る最も適切な語句を【語群Ⅶ】の中から選びなさい。

【語群Ⅶ】

屋号　社章　が求められます　として
商品等表示　は求められません　とせずに

実力テスト
実技解説

問1　正解：×（不適切）

問2　正解：ウ

発明は人間の創作活動によって生み出されるため，発明者は「自然人」に限られ，会社等の法人が発明者となることはできません。したがって，X社を発明者として特許出願することはできません。

問3　正解：×（不適切）

問4　正解：イ

明細書の発明の詳細な説明は，その発明の属する技術分野における通常の知識を有する者（いわゆる当業者）が，その発明の実施をすることができる程度に明確かつ十分に記載しなければなりません（特36条4項1号）。

問5　正解：×（不適切）

問6　正解：イ

特許出願における願書には，明細書，特許請求の範囲，必要な図面及び要約書を添付しなければなりません（特36条2項）。すなわち，要約書は願書の必須添付書面ですが，図面は願書の必須添付書面ではありません。

問7～問12　著作権の制限

問7　正解：○(適切)

問8　正解：ウ

パソコンとスキャナーを使って論文集Aの一部をデジタルデータにして，スマートフォンにそのデータを入れる行為は複製に該当し（著2条1項15号），原則として複製権の侵害に該当しますが（著21条），一定の場合には著作権が制限され著作権侵害とはなりません。ここで，通学途中に自分だけが読む目的で，自宅のパソコンとスキャナーを使って論文集Aの一部をデジタルデータにしてスマートフォンにそのデータを入れる行為は，私的使用目的での複製に該当するので（著30条1項柱書），著作権が制限され，著作権侵害とはなりません。

問9　正解：×(不適切)

問10　正解：イ

論文は，著作物であるため（著2条1項1号，10条1項1号），権利者の許諾なく利用することができません（著21条等)。一方，公表された著作物は，引用して利用することができます（著32条1項)。ただし，その場合の利用は，公正な慣行に合致するものであり，かつ，引用の目的上正当な範囲内で行われるものでなければなりません。論文の大半を，そのまま自分の論文の文章に使う行為は，引用の目的上正当な範囲内で行われるものではないので，許諾を得ずに行うと，著作権侵害となる可能性が高いと考えられます。

問11　正解：×(不適切)

問12　正解：イ

5番目の論文だけでなく，論文集Aに収録された作品それぞれが言語の著作物に該当します（著2条1項1号，10条1項1号)。5番目の論文を英訳する行為は翻訳権の侵害となり（著27条），その翻訳した英文をブログに掲載する行為は，二次的著作物（著2条1項11号）を無断で送信可能化することに該当するので（著2条1項9号の5），公衆送信権の侵害となります（著23条1項，28条）。

問13　正解: ウ　　　　　　　　　　　　　　　　　　　　　　　　　種苗法

ア　不適切

X社は，品種Ａについて品種登録を受けているので，育成者権を保有しています（種19条１項）。育成者権者は，登録品種及び当該品種と特性により明確に区別されない品種を業として独占的に利用することができます（種20条）。したがって，X社は，品種Ａと同一の品種のみならず，品種Ａと特性により明確に区別されない品種も独占的に業として利用することができます。

イ　不適切

育成者権の存続期間は，品種登録の日から25年であり，果樹等の永年性植物については30年です（種19条２項）。X社は，2020年に果樹に関する品種Ａについて品種登録を受けているので，品種Ａの育成者権の存続期間は2050年までとなります。

ウ　適切

育成者権の効力は，新品種の育成その他の試験又は研究のためにする品種の利用には及びません（種21条１項１号）。したがって，Y社が新品種を研究開発する育種素材として使用するために品種Ａの種苗を増殖する行為について，X社の許諾を得る必要はありません。

問14　正解: ア　　特許要件

ア　適切

特許を受けるための要件として，まだ世の中に知られておらず客観的に新しい発明であること，すなわち新規性を有していることが必要となります（特29条1項各号)。本問では，胃カメラＡの試作品は製造されただけで，発表されておらず，販売も開始されていないため，新規性を有していると考えられるため，特許を取得できる可能性が高いと考えられます。

イ　不適切

特許出願日前に日本国内又は外国において公然知られた発明は新規性を喪失しているため，特許を受けることはできません（特29条1項1号)。一般への正式な発表は行われていない場合であっても，日本国内の業者向けの展示説明会に出品して発明Ｂについて説明した時点で，公然知られた発明となり，新規性を喪失しています。また，すでに発表から１年以上が経過しているため，新規性喪失の例外規定の適用（特30条1項，２項）を受けることはできず，特許を取得できる可能性は低いと考えられます。

ウ　不適切

特許を受ける権利を有する者の意に反して，又はその者の行為に起因して公知となった場合には，１年以内に新規性喪失の例外規定の適用を受けて出願すれば，その発明は新規性を喪失しなかったものとみなされます(特30条1項，2項)。本問では，日本国内で販売を開始してから１年以上が経過しているため，特許出願をした場合には，新規性喪失の例外規定の適用を受けることはできません。したがって，特許を取得できる可能性は低いと考えられます。

問15　正解: イ　　　　　　　　　　　　　　　　　　　　条約　全般

ア　不適切

特許による保護を求めようとする場合には，属地主義の原則により，保護を求める国ごとに特許出願を行い，特許を受けることが必要です。また，パリ条約上の優先権を主張して特許出願した場合，特許独立の原則により，優先権の主張を伴う特許出願は，優先権の基礎となった先の出願とは独立して審査されます（パリ４条の２）。したがって，パリ条約上の優先権を主張して特許出願する場合であっても，先の出願が特許されれば自動的に特許されたものとして取り扱われることはありません。

イ　適切

特許協力条約（PCT）に基づく国際出願は，パリ条約における正規の国内出願として取り扱われます（PCT11条（4））。また，パリ条約の同盟国で正規の出願（国内出願）を行った場合，その出願に基づいて他のパリ条約の同盟国に優先権を主張した特許出願をすることができます（パリ４条A（1），（2））。ここで，米国と日本はパリ条約の同盟国です。したがって，指定国として米国を含む国際出願をした場合には，その国際出願を先の出願として，日本にパリ条約に基づく優先権を主張した特許出願をすることができます。

ウ　不適切

特許協力条約（PCT）では，国際出願を行う際に，自国を指定国に含める自己指定が認められています（PCT８条（2）（b））。また，日本国特許庁を受理官庁としてPCTに基づく国際出願をする場合に，指定国に日本を含めることができます。

問16　正解: ウ　　意匠権の管理と活用

ア　適切

意匠権について通常実施権を許諾した場合に，その意匠権の移転を制限する規定は，意匠法に設けられていません。したがって，X社は，Y社に通常実施権を許諾した後であっても，意匠権Mを譲渡することができます。その場合，Y社は，意匠権Mの転得者(譲受人)に対しても，X社から許諾された通常実施権の効力を有します(意28条3項で準用する特99条)。

イ　適切

意匠権者は，業として登録意匠及びこれに類似する意匠を実施する権利を専有します（意23条)。また，意匠権者は，その意匠権について他人に通常実施権を許諾することができます（意28条1項)。この通常実施権は独占排他的な使用を認める性質のものではないので，X社はY社に通常実施権を許諾した後であっても，意匠権Mに係る登録意匠を実施することができます(意23条)。

ウ　不適切

専用実施権者は，設定行為で定めた範囲内において，業としてその登録意匠又はこれに類似する意匠の実施をする権利を専有します（意27条2項)。つまり，専用実施権を設定したときは，専用実施権者がその登録意匠及びこれに類似する意匠の実施をする権利を専有する範囲については，意匠権者であっても実施することはできません（意23条ただし書)。したがって，Y社へ全範囲を対象とする専用実施権を設定登録した後に，X社は意匠権Mに係る登録意匠に類似する意匠を実施することはできません。

問17　正解: イ　　　　**パリ条約**

ア　不適切

日本で取得した特許権は日本国内での実施にのみ有効です。そのため，特許出願Ｐを日本で権利化したとしても，その効力は日本国内においてのみ有効であり，中国において模造品に対して権利行使することはできません。

イ　適切

中国において早期に権利化を行い，模造品対策を行うべきであるため，特許出願Ｐに基づいてパリ条約による優先権を主張して，できるだけ早く直接中国に特許出願すべきです。

ウ　不適切

すでに模造品が出回っている状況では，できるだけ早期に中国で特許の権利化をするべきです。したがって，指定国に中国を含んだ国際出願をして国際予備審査の結果を待つのではなく，パリ条約による優先権を主張して，直接中国に出願することで，できるだけ早期に権利化すべきです。

問18　正解: イ　　　　　　　　　　　　　　　　　　　**商標法　全般**

ア　不適切

商標登録出願は，公報の発行準備が整い次第，出願公開されます（商12条の2第1項）。つまり，先行商標調査の時点では，すでに出願公開や商標登録がなされた商標について調査をすることはできますが，例えば，X社が商標Mについて商標登録出願をしても，他人が商標Mと同一又は類似の商標について，X社より前に商標登録出願をしている可能性もあります。したがって，X社は商標Mの使用開始時期を十分に検討する必要があります。

イ　適切

商標権者，専用使用権者又は通常使用権者以外の者が，登録商標と同一もしくは類似する商標を，登録商標の指定商品・指定役務と同一もしくは類似する商品・役務について使用をする行為は，商標権を侵害するものとみなされます（商37条1号）。ここで，登録商標の商品・役務の区分は，商品・役務の類似の範囲を定めるものではありません(商6条3項)。したがって，X社が商標Mの使用を検討するにあたり，登録商標Aに係る指定商品との類否関係を検討することは適切です。

ウ　不適切

他人の業務に係る商品・役務を表示するものとして，需要者の間に広く認識されている商標又はこれに類似する商標であって，その商品・役務又はこれらに類似する商品・役務について使用をするものは，商標登録を受けることができません（商4条1項10号）。また，商品・役務が非類似であっても，他人の業務に係る商品・役務と混同を生ずるおそれがある商標は，商標登録を受けることができません（商4条1項15号）。したがって，競合するW社が商標Bを長年使用したことによって周知性を獲得している場合であって，さらに商品もX社の商品とは類似関係にある場合，又は商品が非類似であってもY社の商品と出所の混同が生じるおそれがある場合には，商標Bの存在により，商標Mは商標登録を受けることはできません。

問19　正解: イ　　**意匠登録を受けるための手続き**

秘密意匠の請求は，意匠登録出願と同時，又は第１年分の登録料の納付と同時に行うことができます(意14条２項)。

ア　不適切

意匠登録出願後であっても秘密意匠の請求はできます。ただし，「出願後６カ月以内」に手続きをするのではなく，「第１年分の登録料の納付と同時」に行う必要があります。

イ　適切

意匠登録査定後は，第１年分の登録料の納付と同時に秘密意匠の請求をすることができます。

ウ　不適切

意匠登録出願後であっても，その後登録査定となった場合には，第１年分の登録料納付の際に秘密意匠の請求をすることで，秘密意匠とすることができます。したがって，秘密意匠にするために，意匠登録出願を取り下げて，再度，意匠登録出願をし直す必要はありません。

問20　正解: イ　　**商標法の保護対象と登録要件**

ア　不適切

現元号をあらわす「令和」の文字は，需要者が何人かの業務に係る商品又は役務であることを認識することができない商標として，商標登録を受けることができません(商３条１項６号)。

イ　適切

自己の業務に係る商品又は役務について使用しないことが明らかなときは，原則として商標登録を受けることができません。本問の「商標権に関する手続の代理」は，弁理士又は弁理士法人のみが行うことができる業務であるため，一般社団法人が「商標権に関する手続の代理」を指定役務として商標登録出願をした場合，商標登録を受けることができません(商３条１項柱書，弁理士法４条，75条)。

ウ　不適切

指定商品「果実」に，商標「新鮮トマト」として商標登録出願をした場合，商品の品質又は役務の質の誤認を生ずるおそれがある商標として，商標登録を受けることができません(商４条１項16号)。

問21　正解: ウ　　特許権の侵害と救済

ア　不適切

特許権Pが無効審判の請求や特許料の不納により，消滅している可能性があります。したがって，製品の販売状況に関係なく，特許原簿で現在の権利維持の状況を確認すべきです。

イ　不適切

特許権者は，特許権の権利を行使する前に，必ずしも相手方に警告をする必要はありません。そのため，警告が来る前に販売したものであっても，他人の特許権を侵害する製品を販売することは，高い侵害リスクを負うことになります。したがって，警告がきていないからといって，製品Aの販売を開始するという甲の発言は適切ではありません。

ウ　適切

他人の特許発明と同じ発明を自ら行い，その他人の特許出願前から特許発明にかかる製品を販売目的で製造，又はその準備をしていた場合には，「先使用権」が発生します（特79条）。この「先使用権」を有する者は，特許法上の通常実施権を有するため，他人の特許発明を業として実施した場合であっても侵害には該当しません。

問22　正解: ウ　　　　　　　　　　　　　　　　　　　　条約　全般

ア　不適切

国際出願は，パリ条約の同盟国でなされた特許出願に基づく優先権を主張する申し立てを伴うことができます（PCT 8条（1））。また，国際出願において主張された優先権については，パリ条約で定められた効果が認められます（PCT 8条（2）（a））。したがって，日本でなされた特許出願Pに基づいてパリ条約上の優先権を主張して，フランスを指定国に含む国際出願を行った場合には，フランスの国内移行段階において優先権の効果が認められます。

イ　不適切

特許出願Pの出願日から12カ月以上経過すると，特許出願Pに基づくパリ条約の優先権の主張を伴う特許出願を，パリ条約の他の同盟国で行うことができなくなります（パリ4条C（1））。ただし，特許出願Aの出願日から12カ月以上経過した後であっても，特許出願Aと同じ発明について他の国で直接，特許出願をすることは可能です。

ウ　適切

第一国でなされた特許出願に基づいてパリ条約上の優先権を主張して，その出願日から12カ月以内に第二国においてなされた特許出願は，その間になされた行為によって不利な取り扱いを受けません（パリ4条B）。したがって，特許出願Pに基づいてパリ条約上の優先権を主張して，特許出願Pの出願日から12カ月以内にフランスに出願した場合，その間にX社が口紅Aを販売したことを理由としてフランスの特許出願が拒絶されることはありません。

問23　正解: イ　　意匠法の保護対象と登録要件

ア　適切

2019年の意匠法改正により保護対象が拡充され，建築物の外観や内装のデザインが，意匠法の保護対象に新たに含まれるようになりました(意２条１項)。したがって，著名な建築家による高層ビルのデザインは，意匠登録の対象となりえます。

イ　不適切

意匠法に規定される美感は，美術品のように高尚な美を要求するものではなく，何らかの美感を起こすものであればよいとされています（意匠審査基準　第Ⅲ部第１章　２．４)。したがって，毛抜きについても，視覚を通じて何らかの美感を起こさせるようなものであれば，意匠登録の対象となります(意２条１項)。

ウ　適切

工業的技術を利用して同一物を反復して多量に生産することができれば，工業上利用できる物品として，意匠登録の対象となります(意３条１項柱書)。冷蔵庫の生産ライン用のロボットも，玩具用のロボットも，量産可能であるので，工業上利用できる物品に該当するため，これらのロボットのデザインは，意匠登録の対象となります。

問24　正解: イ　　著作者人格権

ア　不適切

著作者の意に反してその著作物の変更，切除その他の改変をした場合には，同一性保持権の侵害に該当しますが（著20条１項），建築物の増築，改築，修繕又は模様替えによる改変は，同一性保持権の侵害に該当しません（著20条２項２号）。したがって，有名な建築家が設計したホテルを，より多くの宿泊客が宿泊できるようにするために増築する行為は，同一性保持権の侵害に該当しません。

イ　適切

会議室の雰囲気に合わせるため，著作者から購入した絵画の一部の色を変更する行為は，著作者の意に反して改変する行為に該当するため，同一性保持権の侵害となります(著20条１項)。

ウ　不適切

著作者の意に反してその著作物を改変する場合には，原則として同一性保持権の侵害となりますが（著20条１項），公立高校の入学試験の問題を作成するため，新聞記事の一部を使用し，使用部分の一部を空欄にする行為は，著作物の性質並びにその利用の目的及び態様に照らしやむを得ないと認められる改変に該当するため，同一性保持権の侵害に該当しません(著20条２項４号)。

問25　正解: ア　　著作権法　全般

ア　適切

映画の著作物の著作者は，制作，監督，演出，撮影，美術等を担当してその映画の全体的形成に創作的に寄与した者が該当し（著16条），具体的には，その映画のプロデューサーや映画監督等が著作者になります。

イ　不適切

著作者は，著作物を創作する者であり（著2条1項2号），単に依頼した人は，著作者には該当しません。したがって，Y社にウェブサイトの制作を依頼したX社は，著作者には該当しません。なお，ウェブサイトの著作者は，原則として，ウェブサイトを実際に制作したY社の従業員となりますが，その従業員が，Y社の発意に基づいて職務としてウェブサイトを作成し，Y社が自社名義でウェブサイトを公表した場合には，Y社がウェブサイトの著作者となることがあります（著15条1項）。

ウ　不適切

職務著作が成立するための条件は，法人等の発意に基づき，その法人等の業務に従事する者が職務上作成し，その法人等が自己の著作の名義の下に公表し（プログラムの著作物を除く），著作者について契約，勤務規則その他に別段の定めがないことです（著15条1項）。本問の場合，丙が描いた絵は，丙が趣味で描いた絵であり，X社の発意に基づいて作成されたものではないため，職務著作が成立せず，その絵の著作者は，丙となります。

問26　正解: ウ　　　　

ア　不適切

商標登録が所定の登録要件に違反して登録された場合には，無効審判により登録が初めから存在しなかったものとみなされることがあります（商46条1項，46条の2第1項）。しかし，商標権に係る商標が後発的に普通名称となったとしても，無効理由には該当しません。したがって，普通名称となったことを理由として，X社の登録商標「ABC」に係る登録が無効になることはありません。

イ　不適切

他社製品である商品aが「ABC」と呼ばれることを放置していることによって，「ABC」が商品aについての普通名称となった場合には，他社が「ABC」を使用することについて，商標権の効力は及ばないので，X社は権利を行使することはできなくなります（商26条1項2号）。したがって，この場合には，商標のライセンス料を得ることもできません。

ウ　適切

商標権の効力は，指定商品の普通名称には及びません（商26条1項2号）。X社の商標権に係る商品aについて，商標「ABC」の名前で一般的に使用されることが多くなっていることから，このまま対策を講じなければ普通名称と認識される可能性があり，その場合には商標権の効力が制限されます。X社が，商品aについて商標「ABC」を使用する場合に，X社の登録商標である旨を明記することは，普通名称化を防ぐための手段として有効です。

問27　正解: 2024年11月　　**特許出願後の手続き**

出願審査請求は，原則として「特許出願の日から３年以内」にしなければなりません（特48条の３）。したがって，2021年11月２日に行った特許出願について，出願審査請求をすることができる年月は，2024年11月になります。

問28〜問30　　**商標法・不正競争防止法**

問28　正解：商品等表示

人の業務に係る氏名や，会社の名称である商号は，不正競争防止法では「商品等表示」に該当します（不競２条１項１号かっこ書）。

問29　正解：とせずに

不正競争防止法において，商品等表示は，周知又は著名である場合に保護の対象となる一方，保護を受ける上で商標登録は条件ではありません（不競２条１項１号，２号）。

問30　正解：が求められます

わが国では登録主義を採用しており，商標登録出願時に実際に商標を使用していなくても少なくとも使用する意思を有していれば，商標登録を受けることができます（商３条）。しかし，その商標を使用しなければ，業務上の信用が蓄積されることはないので，自己の業務に係る商品・役務について使用をしないことが明らかであるときは，原則として商標登録を受けることができません（商３条１項柱書）。

知的財産管理技能検定
3級

試験概要

知的財産管理技能検定について

(1) 知的財産管理技能検定とは

「知的財産管理技能検定」は、技能検定制度の下で実施されている、「知的財産管理」職種にかかる国家試験です。知的財産教育協会が2004年より実施してきた「知的財産検定」が全面的に移行したもので、2008年7月に第1回検定が実施されました。

「知的財産管理」職種とは、知的財産(著作物、発明、意匠、商標、営業秘密等)の創造、保護または活用を目的として、自己または所属する企業・団体等のために業務を行う職種であり、具体的には、リスクマネジメントに加え、創造段階における開発戦略、マーケティング等、また保護段階における戦略、手続管理等、また活用段階におけるライセンス契約、侵害品排除等のマネジメントを行う職種です。

本検定は、これらの技能およびこれに関する知識の程度を測る試験です。

試験名称:知的財産管理技能検定
試験形態:国家試験(名称独占資格)・技能検定
試験等級:一級知的財産管理技能士(特許専門業務)
一級知的財産管理技能士(コンテンツ専門業務)
一級知的財産管理技能士(ブランド専門業務)
二級知的財産管理技能士(管理業務)
三級知的財産管理技能士(管理業務)
試験形式:学科試験・実技試験
指定試験機関:一般財団法人知的財産研究教育財団 知的財産教育協会
知的財産管理技能検定 HP:www.kentei-info-ip-edu.org/

技能検定とは

技能検定とは、働くうえで身につける、または必要とされる技能の習得レベルを評価する国家検定制度で、「知的財産管理技能検定」は、「知的財産管理」職種にかかる検定試験です。試験に合格すると合格証書が交付され、「技能士」と名乗ることができます。

厚生労働省:技能検定制度について
https://www.mhlw.go.jp/stf/seisakunitsuite/bunya/koyou_roudou/jinzaikaihatsu/ability_skill/ginoukentei/index.html

(2) 各級のレベル

1級：知的財産管理の職種における上級の技能者が通常有すべき技能及びこれに関する知識の程度（知的財産管理に関する業務上の課題の発見と解決を主導することができる技能及びこれに関する専門的な知識の程度）を基準とする。

2級：知的財産管理の職種における中級の技能者が通常有すべき技能及びこれに関する知識の程度（知的財産管理に関する業務上の課題を発見し、大企業においては知的財産管理の技能及び知識を有する上司の指導の下で、又、中小・ベンチャー企業においては外部専門家等と連携して、その課題を解決でき、一部は自律的に解決できる技能及びこれに関する基本的な知識の程度）を基準とする。

3級：知的財産管理の職種における初級の技能者が通常有すべき技能及びこれに関する知識の程度（知的財産管理に関する業務上の課題を発見し、大企業においては知的財産管理の技能及び知識を有する上司の指導の下で、又、中小・ベンチャー企業においては外部専門家等と連携して、その課題を解決することができる技能及びこれに関する初歩的な知識の程度）を基準とする。

(3) 試験形式

＊一部に３肢択一も含む

等級・試験種	試験形式	問題数	制限時間	受検手数料
1級学科試験	筆記試験(マークシート方式4肢択一式*)	45問	100分	8,900円
1級実技試験	筆記試験と口頭試問	5問	約30分	23,000円
2級学科試験	筆記試験(マークシート方式4肢択一式*)	40問	60分	8,200円
2級実技試験	筆記試験(記述方式・マークシート方式併用)	40問	60分	8,200円
3級学科試験	筆記試験（マークシート方式3肢択一式）	30問	45分	6,100円
3級実技試験	筆記試験(記述方式・マークシート方式併用)	30問	45分	6,100円

(4) 法令基準日

知的財産管理技能検定の解答にあたっては、問題文に特に断りがない場合、試験日の６カ月前の月の１日現在で施行されている法令等に基づくものとされています。

知的財産管理技能検定3級について

「知的財産管理技能検定３級」（以下、３級）は、知的財産管理技能検定のうち、知的財産に関する業務に従事している者または従事しようとしている者を対象とした入門的な検定試験です。

なお、３級合格に必要な技能およびこれに関する知識の程度は、以下のように定められています。

３級：知的財産管理の職種における初級の技能者が通常有すべき技能及びこれに関する知識の程度（知的財産管理に関する業務上の課題を発見し、大企業においては知的財産管理の技能及び知識を有する上司の指導の下で、又、中小・ベンチャー企業においては外部専門家等と連携して、その課題を解決することができる技能及びこれに関する初歩的な知識の程度）を基準とする。

知的財産管理技能検定３級　試験概要

	学科試験	実技試験
試験形式	筆記試験 （マークシート方式 3肢択一式）	筆記試験 （記述方式・マークシート方式併用）
問題数	30問	30問
制限時間	45分	45分
受検手数料	6,100円	6,100円

知的財産管理技能検定3級　試験範囲

学科試験	実技試験
3級学科試験の試験科目およびその範囲の細目	3級実技試験の試験科目およびその範囲の細目
1　保護（競争力のデザイン） 1-1　ブランド保護 ブランド保護に関し、初歩的な知識を有すること。 1-2　技術保護 Ⅰ　国内特許権利化に関し、初歩的な知識を有すること。 Ⅱ　外国特許権利化に関し、次に掲げる事項について初歩的な知識を有すること。 （1）パリ条約を利用した外国出願手続 （2）国際出願手続 Ⅲ　品種登録申請に関して初歩的な知識を有すること。 1-3　コンテンツ保護 コンテンツ保護に関し、初歩的な知識を有すること。 1-4　デザイン保護 デザイン保護に関し、初歩的な知識を有すること。 2　活用 2-1　契約 契約に関し、次に掲げる事項について初歩的な知識を有すること。 （1）知的財産関連契約 （2）著作権の権利処理 2-2　エンフォースメント エンフォースメントに関し、次に掲げる事項について初歩的な知識を有すること。 （1）知的財産権侵害の判定 （2）国内知的財産関連訴訟 3　関係法規 次に掲げる関係法規に関し、知的財産に関連する事項について初歩的な知識を有すること。 （1）民法（特に契約関係法規） （2）特許法 （3）実用新案法 （4）意匠法 （5）商標法 （6）不正競争防止法 （7）独占禁止法 （8）著作権法 （9）種苗法 （10）特定農林水産物等の名称の保護に関する法律 （11）パリ条約 （12）特許協力条約 （13）TRIPS 協定 （14）マドリッド協定議定書 （15）ハーグ協定 （16）ベルヌ条約 （17）商標法に関するシンガポール条約 （18）特許法条約 （19）弁理士法	1　保護（競争力のデザイン） 1-1　ブランド保護 ブランド保護に関し、業務上の課題を発見し、上司の指導の下で又は外部専門家等と連携して、その課題を解決することができること。 1-2　技術保護 Ⅰ　国内特許権利化に関し、業務上の課題を発見し、上司の指導の下で又は外部専門家等と連携して、その課題を解決することができること。 Ⅱ　外国特許権利化に関し、次に掲げる事項について業務上の課題を発見し、上司の指導の下で又は外部専門家等と連携して、その課題を解決することができること。 （1）パリ条約を利用した外国出願手続 （2）国際出願手続 Ⅲ　品種登録申請に関し、業務上の課題を発見し、上司の指導の下で又は外部専門家等と連携して、その課題を解決することができること。 1-3　コンテンツ保護 コンテンツ保護に関し、業務上の課題を発見し、上司の指導の下で又は外部専門家等と連携して、その課題を解決することができること。 1-4　デザイン保護 デザイン保護に関し、業務上の課題を発見し、上司の指導の下で又は外部専門家等と連携して、その課題を解決することができること。 2　活用 2-1　契約 契約に関し、次に掲げる事項について業務上の課題を発見し、上司の指導の下で又は外部専門家等と連携して、その課題を解決することができること。 （1）知的財産関連契約 （2）著作権の権利処理 2-2　エンフォースメント エンフォースメントに関し、次に掲げる事項について業務上の課題を発見し、上司の指導の下で又は外部専門家等と連携して、その課題を解決することができること。 （1）知的財産権侵害の判定 （2）国内知的財産関連訴訟（当事者系審決等取消訴訟を含む）

知的財産管理技能検定３級　受検資格

３級は「知的財産に関する業務に従事している者または従事しようとしている者」であれば誰でも受検可能です。

※本書の検定情報は、2024年５月現在の知的財産管理技能検定のウェブサイト情報に基づいて執筆したものです。最新の情報は下記ウェブサイトをご確認ください。

知的財産管理技能検定ウェブサイト

https://www.kentei-info-ip-edu.org/

知的財産管理技能検定３級
厳選 過去問題集 [2025年度版]

2024年　7月　20日　初版１刷発行

編　者	アップロード知財教育総合研究所
発行者	小川裕正
発行所	株式会社アップロード 〒104-0061　東京都中央区銀座2-11-2 TEL 03-3541-3827　FAX 03-3541-7562
カバー・本文デザイン	中川英祐（有限会社トリプルライン）
印刷・製本	広研印刷株式会社

ISBN 978-4-909189-62-2　C2032
乱丁・落丁本は、送料小社負担にてお取り替えいたします。